VORWORT

Der Autor dieses Buches, Gerd Lüpke, — fast hätte ich geschrieben: Käppen Möhlenbeck! — ist seit vielen Jahren in ganz Norddeutschland als plattdeutscher Erzähler wohlbekannt, dem die Rundfunkhörer in Mecklenburg („Hör mal'n beten to") ebenso gern zuhören wie in Nordwestdeutschland („Niederdeutscher Hauskalender"). Nicht anders ist es bei den vielen Leseabenden, die Lüpke in allen Teilen Nordwestdeutschlands und Niedersachsens bestreitet. Nun aber hat sich die Persönlichkeit des Erzählers, der all seine Geschichten selbst schreibt, sozusagen gespalten. Gerd Lüpke, dem auch ich wie schon andere vor mir gern die „rechte Heiterkeit des Herzens" in seinen vielen Geschichten attestiere, — dieser Gerd Lüpke hat sich in seinem „Käppen Möhlenbeck" selbst so etwas wie einen Bruder geschaffen.

Seit Jahren sendet RADIO BREMEN unter meiner Redaktion jeden zweiten Sonntagmorgen eine Stunde mit Liedern von See und Küste, in der Lüpke „so bei Wege lang" seinen Käppen Möhlenbeck erzählen läßt — oder auch selbst spielt. Der Erfolg bei den Hörern war von Beginn an so groß, daß ich für meine Musiksendung nicht mehr auf den skurrilen Käppen verzichten wollte — und auch nicht konnte! Anrufe, Briefe und Karten kamen in großer Zahl: man wollte Näheres über den alten Möhlenbeck wissen — und immer wieder kam die Frage, ob und wo der alte Kapitän wohl lebe. Nun, so weit ich weiß, lebt er in Varel am Jadebusen, wenn er dort denn eben auch Gerd Lüpke heißt. Von dort kommen die vergnüglichen Geschichten des skurrilen Kapitäns, der augenzwinkernd sein schönstes Seemannsgarn spinnt — der aber auch, und zwar recht wortgewaltig und deutlich, auf Mißstände unserer Zeit hinweist. Voller unglaublicher Geschichten steckt dieser Käppen Möhlenbeck, voller achtersinnigen Humors — er ist im Lauf der Jahre so etwas wie ein Eulenspiegel der Wasserkante geworden. Und er spricht in seiner ganz ureigenen Sprache, in der Sprache des Hafens und der Küste, die nicht verleugnen kann und nicht verleugnen will, daß sie auf dem Boden des alten Plattdeutsch gewachsen ist.

Immer wieder spielt die See, spielt die Küste ihre Rolle in den kleinen Erzählungen von Käppen Lüpke-Möhlenbeck. Die große Liebe des Autors gehört seit seiner Kinderzeit der See, er hat große Reisen auf Frachtschiffen über einige der „Sieben Meere" hinter sich — so weiß er, wovon er spricht.

1920 ist Lüpke in Stettin geboren, er wuchs auf an der vorpommerschen und mecklenburgischen Küste — und heute lebt er mit seiner Frau abwechselnd in der oldenburgischen Hafenstadt Varel und der niederländischen Hafenstadt Harlingen. „Wasser muß vor der Tür sein!" das ist die Überzeugung sowohl Gerd Lüpkes wie seines Käppen Möhlenbeck.

So freue ich mich denn aufrichtig, daß eine Auswahl der Geschichten um jenen Käppen Möhlenbeck, dessen „Geburtshelfer" ich im Sender RADIO BREMEN sein konnte und der sich inzwischen unzählige Freunde erworben hat, — daß diese Geschichten hier nun also als Buch erscheinen.

Ich wünsche diesem Band einen guten Weg — Gerd Lüpke im Interesse meiner Sendung noch viel Stoff für weitere

Geschichten — und dem Käppen allzeit mindestens drei Fuß Wasser unter dem Kiel — falls er nicht gerade am Stammtisch sitzt und ganz nasse Geschichten erzählt.

Franz Frankenberg
Redakteur — Radio Bremen

KÄPPEN MÖHLENBECK UN SEINE FREUNDE

Käppen Möhlenbeck is'n Kerl als wie son Kleiderschrank — na, laß uns man sagen: als 'ne Kommode, die hochkant steht. Son barocke Kommode, weißt woll? Orrnlich büschen bauchig. Un um seinen runden Kopp haben ihn früher all ümmer die Seehunde um beneidet. Sind nich mehr ganz viele Haare drauf, un er kämmt sie ümmer büschen raffiniert. Aber man sieht sie nich, indem der Käppen meist ümmer 'ne blaue Schippermütze aufhat, mit'n Goldkranz vornean, — Steuermann Behrens sagt da „Labskaus" zu, — un da drin denn das Abzeichen von seine alte Reederei, vonner „Union". Unter den Mützenschirm sitzt'n Gesicht, was auch büschen rund is un ümmer noch büschen braun vonner Pazifiksonne. Scharfe Augen mit vergnügte Falten — un in'n Mund steckt 'ne kurze, stummelige Tabakspfeife, wo Fiedi Hagedorn „Teerkocher" zu sagt un die auch so riecht. Um Möhlenbeck seinen Mund un sein Kinn kringelt sich son runden Bart, der all meist weiß is — sieht auch 'n büschen nach Seehund aus. Un mitten ins Gesicht hat er 'ne Nase, welche 'n Staatsstück is! Die liegt bei den Möhlenbecks inner Familie, sagt er. Da könnt er jeden Sturm all drei Tage vorher mit riechen. Groß un dick is die Nase und steht als sonne Leuchtboje mitten ins Gesicht — und leuchtet auch. Sonnerlich abends, wo das ja auch nötig is. Das wär eigens überhaupt keine Nase, meint Fiedi Hagedorn, das wär'n Gumpen! Un sie reden da oft über an ihren Stammtisch. So lange, bis Käppen Möhlenbeck so gräsig mit seine Nase schnieft als Dierk Warnken sein großer Bulle. Denn halten sie damit auf. Bis neulich mal. Da hatte

Enno Behrens gesagt, die Nase käm jüst so wie Käppen Möhlenbeck sein ewiger Krieg mitter Diät von seine große Ähnlichkeit mit'n Mond. Un das hatte nu keiner klargekricht. Bis Enno denn sagte: „Tjä, Kinners, das muß ein doch woll begreifen. Mal nimmt Möhlenbeck ab, denn nimmt er wieder zu — un alle vier Wochen isser voll!" Das aber hat Enno Behrens drei Runden Bier un Aquavit geköstet.

Sonst muß ein von Käppen Möhlenbeck noch sagen, daß er all lange nich mehr nach See zu fährt, was er Jahre, chott ja: Jahrenden gemacht hat, bei jedes Wetter. Ümmer hatter fest auf seine Säulenbeine gestanden, auch bei'n dollsten Kuhsturm — na, un die nich zu kleinen Hände haben die wildeste Seekuh festgehalten — un die strammste Seejungfrau — zumindest früher. Heute stemmt Möhlenbeck da nu mehr die großen Biere mit, in'n „Schienfatt", seine Stammkneipe. Is'n Museumskrug in der nüdlichen kleinen Stadt, wo der Käppen nu seinen Heimathafen von gemacht hat. Von Haus her kommt er ja eigens aus Meckelburg — von'n Fischland, wo sie früher ihre Kaptäne für die Windjammers herkrichten, all die Fretwursts, Bratherings, Permiens und Hauths. Na, un die kleine Stadt anner oldenburgischen Nordseeküste, die hat dem ollen Käppen so recht zugesagt, als er vor Jahren für ümmer an Land ging: mit 'ne alte Kirche, 'ne große Windmühle — un vor allen mit'n kleinen Hafen. Wasser muß vorer Tür sein, dascha klar. Un nach 'n Hafen un'n Seedeich geht er denn auch ümmer wieder hin, so zum Kucken und Zurückerinnern — „Chronometer büschen zurückstellen", sagt er dazu. Wenn er nich in seinen Stammkrug sitzt. Indem doch son rechtes kühles Bier un'n freundlichen kleinen Korn eine vonne besten Freuden von sonen stillen Abend is. Wenn auch nich ümmer! Annerletzt hatte der Doktor dem Käppen vier Wochen lang alles verboten, wo Alkohol in is. Nichmal Hustensaft durfte er! Man drei Tage später saß der Käppen doch wieder achter sein Bier. Fiedi Hagedorn wunnerte sich da über, aber Möhlenbeck fegte man mitter Hand durche Luft: „Is'n gräsigen Mensch, der Dokter! Rumgeschümpft hat er mir! Un nu soll er sich man mal orrnlich ärgern!"

In'n „Schienfatt" kann ein bannig gut un auch bannig lange sitzen. Käppen Möhlenbeck seine Swester Erika, die ihm zuhaus bekocht un betut, die wartet auch nich auf ihn, wenn er nach'n Stammtisch is. Die geht denn auf'n Bett. Nee, alles was recht is: sie läßt ihren Bruder viel Auslauf, läßt ihn auch denn un wenn mal wieder büschen auf Seereise. Das muß er haben, sagt sie, un gnurrt auch nich mal. Nee, Erika packt ihm in seinen Koffer sogar noch'n Extrapaket von den holländischen Tabak mit rein. Is'n gute Frau, die Erika — is ja auch nich mit ihm verheirat. Un sie sagt ümmer: „Son Mannsbild muß in geordnete Verhältnisse leben. Auch wenn er das garnich will!"

In'n „Schienfatt" sitzt Möhlenbeck meist mit den ollen Steuermann Enno Behrens an'n Stammtisch, der fährt auch all lange nich mehr. Die beiden quesen sich meist jedes Mal an, streiten sich, targen sich — aber das is man von außen. Innen sin sie Freunde als das heute nich mehr viele gibt. Un wehe, da will einer was von den einen — denn hat er den annern fors mit auf'n Hals. Das hat Fiedi Hagedorn zuerst auch gemerkt, welches der dritte feste Mann an'n Stammtisch is und da nu auch zugehört als wie der Besanmast zu 'ne rejelle Bark. Fiedi arbeit inner Firma Friedrich Hagedorn und Sohn, Weine und Spirituosen — un er is der Sohn. Fiedi un auch Enno Behrens sin kleiner un auch dünner als Möhlenbeck. Der sagt: „murcheliger". Aber unter der Nase sin die beiden jüst so gut zu Fuß wie er, bloß daß Möhlenbeck in'n Ganzen mehr redet. Wenn er da denn auch mal mit auf'n Bauch fällt, wie ein so sagt. Neulich erst. Da hatte Enno ihn gefragt, wo er geboren is. Möhlenbeck zog die Augenbrauen so hoch, daß sie unter seinen Mützenschirm zu sitzen kamen: „In Dierhagen! Aufn meckelburger Fischland! Das weiß doch jederein!" Denn aber wollt Enno auch noch wissen, wo der Käppen nacher Schule gegangen war. Möhlenbeck kuckte all recht büschen vergrellt: „In Bremen!" Da griente Fiedi Hagedorn vonner annern Tischseite rüber: „Mensch, Möhlenbeck, denn hast du aber'n langen Schulweg gehabt!"

Von da an war Käppen Möhlenbeck gnatschig. Nix paßte ihm mehr, nich mal die Tomatensuppe von Hollje seine Frau. Un die is gut! Aber den Tag war für den Käppen eben garnix gut. Un als Wirtsmann Hollje eben neuen Korn auf'n Tisch stellen tat, da gnurrte Möhlenbeck ihn an: „Wenn das Tomatensuppe is, denn bin ich ja woll aufe Reise nach Akaba nich durchs Rote Meer gefahren, denn war das woll auch man lauter Tomatensuppe!" Hollje sagte man so hin: „Kann man richtig sehn, daß du viel in'n Roten Meer rumgefahren bist." Der Käppen kuckte hoch: „Wo meinst du das?" Hollje ging nacher Tür un griente: „Du steckst doch in alles deine Nase rein, Möhlenbeck — bloß ins Rote Meer, da hast du sie woll büschen viel reingesteckt — wegener Farbe, mein ich!" Denn war er draußen.

Fiedi Hagedorn aber sagte'n Gedicht auf, un das ging so:

„Trinke bis die Nase glüht
rot wie ein Karfunkel,
daß du eine Leuchte hast
in des Daseins Dunkel!"

KÄPPEN MÖHLENBECK SEIN STAMMTISCH

In'n Museumskrug „Schienfatt" is also Käppen Möhlenbeck sein Stammtisch. „Schienfatt" aber heißt so viel als wie „Stallaterne". Bummelt auch recht sone olle Laterne überer Eingangstür. Un innendrin, in'n Friesenzimmer, da hängen alte Seekarten un Schiffsbiller anner Wand, Modelle von Galjons un Schaluppen un Tjalks stehen aufe Fensterbänke. Denn gibt das 'n gußeisern Ofen un olle Möbel aus Eiche. Neben den braunen Bauernschrank denn der Stammtisch: blankes Holz mit'n Magonikasten auf, wo der Tabak in is, großen Aschbecher mit 'ne Porzellan-Weltkugel. Über den Tisch sone olle Schiffslampe, die ümmer grade hängt — auch wenn Käppen Möhlenbeck sein Garn spinnt, daß sich die Deckenbalken krummziehen. Rund um den Tisch umzu Eichenstühle mit Binsensitze — un gleich da achter son kleine Tür, wo Hollje seine Sluck- un Köhmbuddels aufbewahrt. Denn isser da fixer mit an'n Tisch.

Un wenn es abends so bei acht Glasen rum is, sitzt Möhlenbeck gern mit seine Freunde an diesen Stammtisch. Eigentlich könnt da keinein was gegen sagen, auch keine Fraunsmenschen — Möhlenbeck seine Swester Erika nich, un Enno Behrens seine Frau Else nich un Fiedi Hagedorn seine Soffie auch nich. Die Fraunsleute sin ja, wenn ein das genau nimmt, selbst Schuld an, daß die Männer nach'n Stammtisch gehn. Doch, das is so! Das ging all los, als die Menschen noch nackt durche Dschungels birsten — oder bloß mit son büschen Fell umme Nieren. Da hatten die Frauen das Regier. „Matriarchat" sagten sie da auf lateinisch zu. Die Mannsbiller zählten überhaupt nich. Zwarst, ganz ohne sie kamen die Frauen auch wieder nich aus — die Sippschaft mußte ja weitergehn. Aber die Männer wohnten zusammen inner großen Hütte am Ende von'n Dorf, gleich vorn Wald — un wenn mal einer gebraucht wurde, dennso fleut'ten die Frauen aufe Finger nach ihm. In ihrer Hütte aber, da saßen die armen Männer denn Tag un Nacht unter sich, tranken das büschen plürrigen Met, was die Fraunsleute überließen un red'ten un erzählten un sagten ümmer wieder, was sie alles tun wollten, wenn sie mal sülben das Regieren kriegen sollten . . . Sieh, un das war die Zeit, in welche der Stammtisch aufgekommen is: sowas vor zehntausend Jahre oder hunnerttausend — das läßt sich auf'n Tag nu nich mehr so sagen.

Tja, un das is nu bis heute so geblieben. Die Mannsbiller sitzen unter sich an'n großen Tisch, weit weg von Swestern un annere Fraunsleute un Kinner un machen mal was Rejelles! Sie klaren die Kimming auf, setzen die Politik wieder zurecht, un kein unbewußtes Frauensmensch sabbelt dazwischen. Die Frauen sin zu Hause, ihre Kerls in ihren Stammkrug! Nich daß sie was gegen Frauensleute haben, nee, ganz ins Gegenteil, — aber alles zu seine Zeit! Un wenn sie an'n Stammtisch sitzen, denn is nu mal Stammtischzeit!

Frauensleute begreifen sowieso nich, was Freundschaft is, was Männer zusammenhält, was „männliche Solidarität" is, oder wo das nu heißt. Den Frauen steckt heut un diesen Tag noch das „Matriarchat" inne Gräten. Frauen wollen ihren Kerl ganz un gar haben. Er soll ihnen zugehören als wie son — son Stuhl oder Nähtisch oder Kühlschrank —

nee, Kühlschrank nu grad nich — aber doch was ausser Wohnung. Un so haben die Frauenzimmers Angst vorn Stammtisch. Sie sin bange, der Mann könnt sich mang seine Freunde auf besinnen, daß er ja auch noch sowas als'n eigen Willen hat! Aber da wird nix mehr von. Ümmer wieder sagt Fiedi Hagedorn: „Von das verdammte Matriarchat haben wir Männer uns in hunnerttausend Jahre noch nich wieder von verholt!"

Un Käppen Möhlenbeck haut auf'n Tisch un bölkt: „Der Stammtisch is nix Leeges!" Un wenn die annern beiden mitte Köpfe nicken, denn priestert er weiter: „Der Stammtisch is — na ja, der is 'ne Insel in das große Meer, was Alltag heißt! Der hilft den Mann dabei, dasser nich abgeschlissen wird inne Familje als son — na, als son olles Koppkissen! Wenn ich an meinen Stammtisch sitz, dennso weiß ich, daß ich auch was bin! Daß da noch Gerechtigkeit is inner Welt! An seinen Stammtisch sitzt der Mann auf breite Achterbacken un kann sagen, was er will — un die annern hören zu, un denn nicken sie mitte Köpfe un denn sind sie still. Un das tut nie nich keine Frau!"

Bei solche Wörter machen Fiedi un Enno denn zufriedene Augen, tun 'n orrnlichen Schluck aus ihre persönlichen Bierkrüge un denken sich was. Denn auch das tun Männer an'n Stammtisch! Da müssen sie'n Auge haben für die hohe Politik, müssen was vonner Kaninchenzucht verstehen un von Ebbe un Flut un Seeslangen un Taifuns unter Japan — un auch was von Wein- un Sluckhandel. Un wenn mal über Uneformen un Fahnen un sowas geredet wird, denn is das darüber, wie'n rejeller Krieg geführt werden muß un wie das mit der Seeslacht an'n Skagerrak viel besser gewesen wär un daß die ollen Admirals damals keine Ahnung nich gehabt haben un die Generale an Land auch nich! Denn das wissen unsere Hohen noch nich: der Stammtisch is'n Strategie- und Taktikschule für den, welcher bei'n Obergefreiten aufgehört hat — na, sagen wir mal: bei'n Bootsmannsmaat. So kommt an den runden Tisch in'n Schienfatt viel Wissenschaft zusammen, wo bannig über geredet un diskuriert wird — mit vollen Ernst — un volle Gläser! Un so sitzen denn auch sie an ihrem Stammtisch, Käppen Möhlenbeck, Steuermann Behrens un Köhmhändler Hagedorn, un kriegen mit alle Kraft von ihren Geist die ganze Welt ersteins wieder so richtig in 'ne orrnliche Fassong . . . wenn nich Käppen Möhlenbeck jüst Geschichten von seine wahren Belebnisse von'n Munde gibt.

HAARSCHNEIDEN AN BORD

Käppen Möhlenbeck lehnte sich in seinen Stammtisch-Stuhl zurück, kuckte nachdenkern auf das Schiffsmodell inner Vitrine, un denn fielen ihm sinnig die ersten Worte aus'n Mund:

„Vor drei Jahre war ich doch in'n Sommer mal wieder auf See. Mit 'n weißen Bananendampfer aus Bremerhaven, mitter ‚Wesermünde', war das durch'n Panama gegangen, un wir standen nu vor Acapulco in Mexiko. Das Wetter war jüst so wie sich das für'n Pazifik hören tut: mit paar weiße Wolkenstreifen an den knallblauen Himmel, der jüst so blau war als wie die See, wo man wenig Dünung auf lag. Hatte nu die gute Reise da schuld an oder das Billerbuch-Wetter – zuminnst war die Crew rein ausser Tüte den Abend. Der eine Assi stellte noch büschen mehr Bier aufe Decksluke, 'n Buddel Whisky fand sich auch noch – die Frau von'n Smutje, die als Kochsmaat fuhr, brachte 'n großes gelbes Windlicht an. Der Bootsmann krichte paar Girlanden aus'n Store, un aufmal war Fiesta an Deck! Dauerte auch gar nich lange, da saßen sie alle beinanner, un denn haben sie erstmal gelogen wie die Weltmeisters! Aber da konnten sie mir nich mit imponieren, das kann ich sachs noch büschen besser – wenn's denn sein muß, mein ich! – Nee, alles was recht is, das war'n dollen Abend.

So gegen eins, da schlug denn die Stimmung viel höhere Wellen als die See. Die Decksleute legten wieder eins ganz gräsig gegen die Maschinen-Crew los, von denen einer wie son Idianer aussehn tat. Und da meinte denn son Decksmann, er sollt sich doch auch man noch 'n Irokesenschnitt machen lassen: bloß son ganz schmalen Haarstreifen stehnlassen, der von vorn nach achtern bis in'n Nacken läuft: so wie die französchen Schassürs das früher auf ihre Helme hatten. Der Machinenmensch kuckte den annern vonner Seite an un sagte: ‚Wenn du da fuffzig Mark für ausgibst?!' — Jawoll, das wollte der — un nu konnte der andere nich mehr zurück. Also setzte er sich aufe Luke, der Elektriker holte sonne Handschneidemaschine füre Haare, und damit schnitt er ihm denn seinen ganzen schönen Lockenkopp weg, bis auf'n schmalen Streifen von vorn bis ganz nach achtern. Die Annern wollten sich kranklachen, aber der Maschinenmensch hatte seine fuffzig Mark!

Man denn fing das doch bei kleinen in ihm an zu wühlen, un er nahm denn 'ne Stunde nachher seinen Wettgegner wieder inne Augen, der aufer Luke saß un bannig den Kopf bammeln ließ, indem er doch nu kein Geld mehr hatte für Bier. Da legte der Maschinenmensch ihm die Hand aufe Schulter un sagte so recht tröstlich: ‚Wenn du nu — dein Haar — jüst so — so sneiden läßt als wie — als wie ich das hab, denn — denn krichst du fuffzig Mark von mir!' Da freute sich der Decksmann ganz doll, der Elektriker holte nochmal seine Maschine, un auch der Decksmann krichte seinen Irokesenschnitt verpaßt. Er weinte meist vor Freude, als er die fuffzig Mark inne Hände hatte — un holte da denn auch gleich Bier für un Whisky.

Annern Morgen kam ich auf Deck — un süh, da standen die beiden anner Mittel-Luke un kuckten sich einer den annern an. Die Augen waren ümmer noch halb zu. Der Decksmann faßte sich an'n Kopp un schüddelte den, ließ das denn aber nach, indem es wehtat.

‚Ich weiß nich', brubbelte der Decksmann, ‚ich hab meine fuffzig Mark ja wiedergekricht — aber mehr hab ich lieberst nich an Geld. In'n Gegenteil, ganz in'n Gegenteil.'

‚Ich komm da auch nich mit klar', klagte der Maschinenmensch, ‚ich hab dir die fuffzig Mark gegeben, un ich bin da nich ärmer von geworden . . . Wer, verdammi nochmal, war hat denn da nu eignslich was von gehabt, von den mallen Kram?'

Da legte der Scheich, der Bootsmann, den beiden seine Hände, — un die waren so groß wie Steaks aus Argentinien, — auf die Schulter, griente über sein ganzes farbenbekleckertes Gesicht un lachte: ‚Wer da was von hatte? Das kann ich euch genau sagen: wir allezusammen! Wir haben uns meist kaputtgelacht gestern abend. Un ich, was ich bin, ich muß nu all lachen, Kuddel, wenn ich an denk, daß du heiraten willst, wenn wir zurück sind. Was meinst woll, was deine Braut sagt, wenn du so bei ihr inne Tür kommst? As son zahmen Winnetou?!'

Als hätt der Donner ihn getroffen, so sackte Kuddel, der Decksmann, zusammen. Da hatte er nu ja überhaupt noch nich an gedacht! Der Elektriker mußte man her un gegen zehn Buddel Bier den Kopp nu ganz kahl scheren. Ging noch nich mal sehr viel Haut mit ab. Aber, wie ich denn nachher noch mitgekricht hab, hatte der Decksmann auf'n Weg nach 'n Standesamt 'n Hut mit'n ganz breiten Rand auf seinen kahlen Kopp, wenn ihm denn auch bei der brutigen Sommerhitze der blanke Schwitz man ümmer so übere Backen treiben tat."

Käppen Möhlenbeck griente, als er auserzählt hatte, hob mitter einen Hand seine Schippermütze büschen hoch, strich mitter annern seine letzten Haare nach achtern un sagte voll Weisheit: „Nee, denn doch lieber gar keine Haare als ’ne Glatze!“ Un das meinten die annern beiden auch.

KORL GERDES

Käppen Möhlenbeck kuckte Enno Behrens an: „Sag mal, Behrens, kennst du eigentlich Korl Gerdes noch?“ Enno kratzte sich achtere Ohren: „Korl Gerdes . . .? Ich weiß nich . . .“

Möhlenbeck wiwakte mit’n Kopp: „Der olle Schipper aus Nordersiel, Behrens. Wo ich als Junge mit gefahren bin! Aufer ‚Eva‘. Er als Kochsjung!“

Nu wußte Enno Bescheid: „Och, den! Aber kennen tu ich ihn nich. Du hast da man bloß all öfter von erzählt.“

Da nickköppte der Käppen: „Ja, der lebt auch nich mehr . . . Aber gedacht hab ich neulich an ihn. Als ich in Dangast auf’n Deich längsgegangen bin. Das mit dem Deich, Mann o Mann . . .“ Möhlenbeck lachte, daß der Aschbecher beiseiterutschte „Hab ich euch das mal erzählt, wie Korl Gerdes abends ümmer nach Hause gegangen is?“

Fiedi Hagedorn schüttkoppte: „Nee, das nich.“

„Da war Korl auch schon lange ausser Fahrt — jüst wie ich . . . Un sein littjes Haus, das stand ja in Nordersiel unten an’n Deich, meist all in’n Deich. Un oben an den Deich, büschen weg vons Haus, da waren zwei Köhminseln — Kneipen, wenn ihr das besser versteht. Eine war woll son zweihundert Meter von sein Haus weg — un die andere anne vierhunnert. Un da ging er ümmer hin. Nach beide, er wollt ja keinen Wirt wehtun. Man — eigentlich wollt er da garnich hin. Aufer annern Seite konnt er auch wieder nich zu Hause bleiben wegen seinen großen Durst. Aberst er tat da was gegen! Gegen seinen Durst — un gegen das Kneipenlaufen!“

Die beiden annern kuckten den Käppen an un verstannen ganz nix. Der hatte son Grientje umme Mundwinkel: „Is doch ganz einfach, Kinners! Süh, Korl stieg von sein Haus aus auf'n Deich un ging nacher annern Seite, wo die Kneipen nich waren! Aber man einen Schritt! Un denn machte er zwei zurück — un so denn ümmer weiter. Denn ging er wohl weg vonne Kneipen — aber mitter Zeit kam er doch hin."

„Das'n starkes Stück!" gnurrte Enno Behrens zwischene Zähne.

„Ja", nickköppte Möhlenbeck, „das war all schenial. Aber so war er ümmer ... Un wenn er denn beirer ersten Kneipe stand, denn wunnerte er sich bannig, daß er da doch wieder angekommen war. Un denn ging er rein. — Na, un denn saß er da un klöhnte un rauchte seinen gräsigen Swarzen Krausen un trank auch ümmer mal einen — oder auch einen mehr. Un so nach 'ner Stunde oder zwei, denn stand er auf un ging raus un dümpelte nach Hause. Zumindest mit's Gesicht nach Hause, versteht ihr. Un denn tat er wieder einen Schritt vor un zwei zurück un ümmer so weiter, bis er beirer zweiten Kneipe war, na, da ging er denn auch noch eben rein — sonnerlich, wenn's kalt war. Un da blieb er denn büschen länger. Verheirat war er ja nich. Bloß die Leute vonner Kneipe, die wollten denn ja auch mal auf'n Bett. Un die haben ihn denn rausgebracht un ihn auch annersrum auf'n Deich gestellt. Mit sein Gesicht vons Haus weg.

Un Korl pedd'te denn ümmer nache alte Art weiter: einen vor, zwei zurück. Un denn kam er ja so bei kleinen auch an sein Haus an — na ja, über sein Haus. Das stand ja unten an'n Deich. Bloß wenn das denn düster war un er hatte fix was intus, denn wußt er nich so genau, wann er zu Hause war."

Enno hatte seine Augen voll auf Möhlenbeck gedreht: „Wie konnt er das überhaupt finden, wo das doch düster war un kein Licht in brannte, indem er keine Frau hatte?"

Der Käppen kuckte nu ganz überlegen: „Korl sein Peter war ja da! Gerdes sein Kater! 'n dollen Bolz, kann ich dir sagen! Meist as son Tiger. Hatte auch recht son grüne Augen."

Fiedi konnt das alles nich recht einsehn: „Aber die Augen konnt dein Gerdes ja doch woll oben auf'n Deich nich sehn?!"

„Chott, wenn sichtiges Wetter war, denn woll. Die glösten ja als wie son Leuchtfeuer."

Da meld'te sich Enno mit 'ne ganz gnarrige Stimme: „Möhlenbeck, erzähl uns hier nich wieder son Undög!"

Der Käppen gab denn ja auch büschen zu: „Na ja, meistens konnt er die Augen woll nich sehn. Aber der Kater, der kannte Korl seinen Schritt. Auch wenner besoffen war. Korl, mein ich, nich den Kater. Un wenn Korl denn oben auf'n Deich da war, wo unten sein Haus stand, denn miaute der Kater so doll, daß Korl das auch bei Westen Wind hören tat. Un denn ließ er sich ins Gras sacken, — in'n Winter in'n Schnee, versteht sich, — un kullerte den Deich runter, genau auf sein Haus zu. Vore Achtertür, da kam er denn zu liegen. Un da wußt er denn ja Bescheid, wo das weiterging un er hatte das ja nich mehr weit bis nach seine Schlafstube."

Man nu kam Enno hoch un hatte selbst meist son grüne

Augen als wie Korl Gerdes sein Kater: „So, Möhlenbeck, un nu mußt du uns bloß noch erzählen, der Kater hätt ihm denn inner Zwischenzeit Kaffe gekocht!“

Der Käppen aber sagte dazu mit bloß son ganz kleinen Grientje inne Augen: „Nee, das nu nich, Behrens! Ich will hier ja ganz un gar beirer Wahrheit bleiben! Nee, woans sollte der Kater woll Kaffe gekocht haben?! Den hat Gerdes ja doch gar nich getrunken. Aber Tee, so recht auf ostfriesisch, mit Kluntje un Sahne, den hatte der Kater klar, wenn Korl Gerdes nach Haus kam.“

DIE ENTENJAGD

Käppen Möhlenbeck un Steuermann Behrens waren annern Herbst nacher Entenjagd. Fiedi Hagedorn konnt nich mit, seine Soffie wollte das nich. Na, Möhlenbeck un Behrens hatten vorher nu ja'n Barg zu tun! Der Motor von ihren kleinen Boot, der mußt überholt wern, lief nich mehr so recht, der große Kanister mußte voll Diesel, na, un für die beiden Jägers mußt ja auch man alles da sein. Enno ging los zu einkaufen. Schinken un Mettwust, Keese und paar Grillhühner, wo Hagedorn ümmer „Gummiadler" zu sagt, un gegen die Feuchtigkeit un Kühle paar Buddel klaren Schnaps, rejellen Sluck. Wenn einer da genug von in'n Leib hat, kann er ja viel besser schießen. Käppen Möhlenbeck meint auch: „Mit zwei Zoll Branntwein in'n Magen is der Mensch gegen jede Krankheit immun!"

War noch duster, da trafen sich die beiden an'n Anleger un stiegen denn auch gleich ins Boot. Nebel stand übern Wasser, un so mußten sie denn erstmal bein Buddel. Das half auch büschen. Sie schmissen ihren Motor an, un das Boot zog raus aufs Watt. 'ne halbe Stunde waren sie woll schon gefahren, da lag ümmer noch Nebel aufer See — un die erste Buddel war meist all leer. Die Flinten warn geladen un lagen aufer Ruderbank, den Motor hatten sie abgestellt, das Boot dümpelte an'n Rand von'n Reet. In'n Schilf, da flusterte das son büschen, paar Vögel kamen hoch un schümpften, denn war alles wieder still. Noch'n halbe Stunde ging vorbei. „Was is das für'n Schiet!" gnurrte Behrens, „Nich eine von die verflixten Enten kommt hier längs. Wollen wir nich nach Hause fahrn?" — „Laß man noch", wiwakte Möhlenbeck mit'n Kopp, „wir können ja erstmal'n Stück Brot essen."

Das war nu 'ne gute Idee! Enno Behrens packte seine Öljacke übere Ruderbank, krichte den ganzen Kram her, un denn neihten sie Schinken, Keese un Mettwust weg, als wenn sie acht Tage lang nix durch ihren Hals gekricht hätten. Ganz trocken konnten die beiden ihre Butterbröte aber auch nich runterwürgen, un so hatten sie denn all die zweite Buddel bein Kopp. Das half denn auch gleich büschen mit gegen die nasse Kälte.

Enno brubbelte was von Zielwasser, was so nötig wär wie das Weihwasser inner Kirche. Als sie ihren Korb denn leer hatten, saßen die beiden wieder in ihr Boot un kuckten mal ihre Flinten an un mal den Himmel, wo der Nebel überhin zog. Man denn kam aufmal doch die Sonne durch! Sie tranken fix noch'n Sluck auf das gute Wetter, un denn ging die Jagd so recht los. Sinnig ruderten sie an'n Schilf längs, un da kamen denn ja auch die Enten hoch. Sie schossen alle beide, was die Flinten man durchließen an Schrot — ümmer mehr Enten kamen hoch — aberst — hatten sich nu die Visiere an ihre Gewehre verschoben oder war das doch büschen zu viel Zielwasser gewesen — sie krichten man eine einzige Ente! Un das war noch nich mal eine vonne größten.

Nach zwei Stunden waren ihre Patronen zu Ende. Sie drehten um, schmissen den Motor an, un die Reise ging zurück. Aufmal kuckte Möhlenbeck hoch un sagte son büschen was stotterig, indem er ganz schön Schlick aufer Zunge hatte: „Du — Behrens, sag mal, ich — woso ich? Wir, mein ich — wir — wir haben doch'n ganzen — ganzen

Haufen eingekauft — haben wir. Was — was hat das woll heute — heute morgen alles so gekost't?"

„Das — das kann ich dir — fix kann ich dir — das sagen — kann ich das!" nickkoppte Behrens, auch mit bannig geschwollene Zunge. Er krichte das Einwickelpapier vonner Wust her un den Zimmermannsbleisticken, den er ümmer bei sich hat — un denn fing er an zu rechnen, daß ihm der Kopp man so qualmte.

Schinken, Wust, Keese, Butter, Schnaps, Patronen, Diesel, Motor heilmachen lassen ... Als er denn damit klar war, da lief ihm der Schwitz man so von'n Vorkopp runter, un er sagte mit große Augen: „Möhlenbeck, das — das sin — damminochmalto, das — das sin sechs — sechsunneunzig Mark sin das! Für — für eine sone murchelige Ente!"

„Was denn?!" kam Möhlenbeck hoch, so daß der Kahn bannig an zu schaukeln fing, „Was denn?! Sechsunneunzig Mark — sagst du? Sechsunneun ... Das — das is ja ... Menschenskind, denn — denn is das ja man ein Segen is das denn ja, — daß — daß wir von sone teuern Enten man bloß eine geschossen haben!"

DER SCHWIMMER

Enno Behrens muß ümmer bannig doll leiden, wenn Käppen Möhlenbeck sein Garn spinnt un den armen Enno da denn auch noch bei auf'n Arm nimmt. Das is recht son Spiel zwüschen den beiden an'n Stammtisch. Meist gewinnt Möhlenbeck, un der Steuermann muß seinen Ärger denn mit Bier runterspülen. Aberst neulich kam das anners! Käppen Möhlenbeck war doll zugange un hatte schon erzählt, wie er sich mit'n Sägefisch rumgefochten hatte, der ihm das Schiff ansägen wollte — un auch, wie er in'n Gelben Meer son olles Piratenschiff mit'n großes Brennglas in Brand gestochen hatte.

Behrens langte nach sein Bierglas un sagte nix, rein garnix — aberst Möhlenbeck regardierte da garnich auf: „Un denn haben wir mal bei Casablanca son lütten Landausflug gemacht — inne Wüste rein, verstehst? Alles man platt un eben un nix als Sand. Kein Haus, kein Strauch, kein Baum, bloß Sand. Un kommt da nich aufmal son gewaltig großen Löwe anzujagen? Reißt das Maul auf, wo er auch noch aus stank, un fohrt genau auf mich los? Aberst ich konnt ja doch noch so viel denken, daß ich man aufe Hacken kehrtgemacht hab un denn rauf auf'n nächsten Baum! Sonst hätt der Löwe mir gehabt!"

Man da kam Enno hoch: „Möhlenbeck, wenn du all lügst, denn lüg büschen besser! Du hast sojüst gesagt, da war nix als Sand un nich ein Baum!"

Der Käppen kuckte Enno scharf an, aberst denn griente er un meinte man: „Ich hab . . . Enno, ich will dir was sagen: In den Augenblick, da war mir alles egal!"

Enno Behrens gnurrte man. Möhlenbeck hatte sich grade noch mal gerettet. Aberst der Käppen konnt es nich lassen. Der Teufel ritt ihm, un Möhlenbeck fing wieder an:

„Doll war dascha auch, als ich mal paar Jahr das Fährschiff zwüschen Rotterdam un Hull fahren tat. Is sone große Fähre für Autos un Passaschiers, fährt abends ab un is morgens da, vierzehn Stunnen Reise. Dabei hab ich denn dscha mal 'ne ganz gediegene Sache belebt. Wir gehn aus Rotterdam, laufen jüst anner Maasvlakte vorbei nach See zu. Übern Wasser liegte Abendsonne, sollte woll 'ne gute Reise werden. Man als die Revierfahrt zu Ende is un der Lotse geht von Bord, da seh ich doch an Backbord 'n Kerl schwimmen. Ich laß fors 'n Ring übere Kante setzen, der fällt auch dicht bei den Kerl ins Wasser. Aber der schiebt ihn wech un bölkt nach mir hoch: ‚Tut nich nötig, Käppen Möhlenbeck!' – Sie kennen mir ja auf alle Meeren, Behrens! – Un als ich ihm frag, was er denn da in Dreideubelsnamen inner See sucht, da ruft er: ‚Ich will mich man bloß büschen ins Schwimmen üben!' Na, denk ich, denn laß ihm, un ich geh nach meine Koje.

Nächsten Morgen, wir gehn auf Hull zu, da denk ich doch, mich laust der Affe! Schwimmt da nich derselbige Kerl von Rotterdam vor unseren Schiff? Hat der Mensch uns nich glatt überholt auf'n Weg nach Hull? Was sagt ihr da nu zu?!"

Fiedi Hagedorn sagte garnix, er is vorsichtig, aberst Behrens nickköppte: „Ja, das kann woll angehn."

Man da kam Möhlenbeck hoch: „So, Behrens, das kann angehn? Wenn wir achtzehn Knoten fahren? Un das vierzehn Stunnen lang? Das glaubst du?!"

Enno kuckte ihn heil ernsthaftig an: „Das glaub ich nich bloß, Möhlenbeck, das weiß ich! Denn, Käppen, der Schwimmer, das bin ich selbst gewesen!“

Möhlenbeck sackte zurück, jappte nach Luft als son Karpfen auf'n Land – Behrens lachte über sein ganzes Gesicht – un Fiedi hatte auch man zu tun, daß er ernst bleiben konnte. Man als Käppen Möhlenbeck mit gläunigroten Kopp dasaß un mitte Finger den Navy-Marsch aufe Tischplatte rauftrommelte, da hat Fiedi fix nach Gastwirt Hollje gerufen. Un die neegsten drei Lagen, die hat er denn bezahlt.

PANNE AUF SEE

Sie saßen an'n Hafen aufer Bank inner Sonne un kuckten das blanke Hafenwasser längs. Wurde bei kleinen Abend. Sie, das war Käppen Möhlenbeck, Enno Behrens un Gustav Bültmann, der mittags schon mit seinen Kutter von Fang zurückgekommen war.

Aus den Tabakspfeifen stiegen blaugraue Kringels in den Abendhimmel rauf. Ab un an spuckte Gustav nacher Seite, indem er priemt. So war alles recht voll Frieden. Aber die drei belauerten einer den annern, was er ihm woll nich einen überbraten konnte. Da sah Käppen Möhlenbeck aufmal, daß aussen Wasser son Ende Ofenrohr rauskuckte. Er zeigte da hin, nahm die Piep aussen Mund un fragte: „Seht ihr das Rohr da?" Enno Behrens gnurrte bloß. Gustav Bültmann aber spuckte Möhlenbeck son büschen Priemsaft vore Füße, das sollte bedeuten, er sieht das. Möhlenbeck machte denn auch'n bannig wichtiges Gesicht un fing tiefdenkern an zu sagen:

„Wenn ich sowas seh, denn muß ich ümmer an den Ganges denken . . . In Indien is der, Behrens!" Enno krichte vergrellte Falten inne Stirn. „Da war ich mal mit meiner ‚Wilma Hugo', war'n feines Schiff", wickelte Möhlenbeck seine Story weiter ab, „un wie wir so den Ganges raufdampfen, da ruft mich mitnmal der Funkenpuster aufe Nock un zeigt mir doch ganz was Gediegenes an Backbord voraus. Son drei, vier Meter von Land ab kuckten da doch woll dreißig graue Rohre aussen Wasser raus, wackelten ümmer so hin un her un gingen an'n obern Ende ümmer auf un zu. Die Dinger schaukelten als Schilf in'n Wind, man da war gar kein Wind! Als wir denn näher rankamen, da stiegen die Rohre mitnmal raus aus das Wasser von'n Ganges — un süh, da waren da unten Elefanten an! Das war den schlauen Biestern woll zu warm gewesen; son vierzig, fuffzig Grad hatten wir bestimmt, un da waren die Öster zu Wasser gegangen. Ganz un gar! Ihre Rüssels hatten sie oben rausgehalten zu'n Luftholen wie son Schnorchel. So konnten sie denn ja stundenlang unter Wasser stehn. Man bloß, daß sie die Augen dabei zumachen mußten — un einschlafen durften sie natürlich auch nich, indem sie denn woll umgefallen un versoffen wären."

Enno Behrens kuckte Möhlenbeck an, daß der sich rein verjagen tat — aber Gustav schmiß den Priem hinter seinen Kusen von Backbord nach Steuerbord un grollte: „Hast du denn mit deinen ollen Dampfer auch mal Reifenpanne gehabt, Möhlenbeck?" Der Käppen kuckte nu ihn an als sone Kuh, wenn das donnert. „Reifenpanne? Du willst mich woll auf'n Arm nehmen, Bültmann, was?" Der aber hielt ihm seine Hand hin, die so groß war wie sone Ballastschaufel: „Wetten, daß ich das schon mitgemacht hab? Zehn Dosen Priem?" Möhlenbeck schlug ein: „Abgemacht, Bültmann! Aber nu mußt du das beweisen!" — „Tu ich!" griente Bültmann, krichte seine fludderige Brieftasche aus der achtersten Büxentasche un fummelte da'n olles Stück Zeitung raus. Das hielt er Möhlenbeck mit plietsche Augen hin: „Hier steht das! Als wir mit der ‚Greta' damals aus Neejork liefen, jüst'n halben Tag aussen Hafen, da blieb aufmal die Schraube stehn, war nich wieder in Gang zu kriegen, un wir trieben man so auf'n Atlantik rum. Paar Schlepper holten uns denn wieder rein, bugsierten uns ins

Dock – un was war passiert? Hatte doch son oller Autoreifen inne See getrieben un hatte sich so um unsre Schraubenwelle rumgewickelt, daß die Schraube batz stehenblieb un das Schiff keine halbe Meile mehr weiterkonnte. Un das is wiß un woraftig passiert! Anners als deine dummerhaftige Ganges-Elefanten! Un nun frag ich dich unter Zeugen: Is das nu 'ne Reifenpanne oder is das keine Reifenpanne?!"

Der Käppen nahm mit spitzige Finger das abgerissene Stück Zeitung, schüttkoppte un buchstabierte: „Dampfer ‚Greta' erlitt Reifenpanne!" Denn gab er Gustav den Zettel wieder un sagte mit große Kinneraugen: „Das hätt ich nu verdammt nich gedacht, daß 'n Mensch mitter Wahrheit noch döller lügen kann als ich mit meine besten Geschichten!"

ANGELN

Möhlenbeck hatte recht so melanklütrige Augen, als er auf den schönen dicken Matjes runterkuckte, den Gastwirt Hollje seine Frau ihm in saure Sahne gelegt hatte. Denn schnaufte der Käppen mitter Nase, daß Enno Behrens das Bierglas inner Luft stehenblieb – un denn seufzte Möhlenbeck ganz von unten her un fing an: „Kinners, wenn ich'n Fisch seh, denn schudert mir das ümmer son büschen wegen all die Erinnerung. Denn muß ich da an denken, wie ich das erste Mal in mein Leben angeln wollt – nee, sollt! Ich war son klein Bödel von Stücker acht Jahre, un mein Vadder hatte gesagt, das wird Zeit un der Junge muß un muß nu das Angeln lernen. Un da war denn nix an zu machen. Vadder war'n ganzen großen Angler, zuminnst wenn einer seine Ausdauer ins Auge hatte. Was er denn nachher würklich geangelt hat, da haben die Katzen noch über gelacht. Aber wenn er in'n Sommer man jichtens Zeit hatte, denn saß er morgens schon an unsern feinen, blanken Wiesenfluß un hielt seine Hungerpeitsche da rein.

Na ja, Mudder machte büschen bedenkliches Gesicht, un mir wurde so recht grugelig zumute. Vadder hatte gesagt, wir wollten annern Morgen halb fünf losfahrn. Noch nie in mein Leben hab ich früh aufstehn mögen. Un nu um halb fünf los! Denn mußt ich um halb vier schon aussen Bett! Nee, ich konnt für den neegsten Tag nix Gutes sehn!

Ich sollt denn auch recht kriegen! Vadder hatte mich von'n Bett gejagt, als das draußen knapp hell war. Der Muckefuck war so heiß, hebb ick mi rein dat Mul an verbrennt. War auch noch Ende von'n Monat, konntst das

Brot durche Butter sehn, un die war auch noch Margerine. Ich hatte meinen Knust knapp runtergewürgt, da schücherte Vadder mich schon nach unten un krichte sein Fahrrad aussen Schuppen. Mit viel Bedacht un innere Ruhe knütt'te er Angel un Käscher un Netz un Fischbüdel an sein Fahrrad fest un stieg von hinten auf'n Sattel, so mit'n mächtigen Beinschwung. Ich kam vor ihm aufe Stange, einfach so aufs nackichte Rohr. Denn fuhr er los, aber die Straße hatte noch son richtigen Semmeldamm. Nach zwei Minuten dacht ich, mich sägt einer von unten durch. Ich fing an zu bölken, Vadder hielt an, stieg ab un ich sollt eigens 'n Ding an'n Hals kriegen. Aber denn sah er doch woll: so geht das nich. Also hat er man gegnurrt, denn gings zurück — un siehe: Mudder stand noch vorer Tür! Nu wurde ihr Gesicht noch bedenklicher, aber sie mußte'n Sofakissen holen. Das kam auf'n Gepäckhalter, ich denn wieder auf das Kissen rauf, un wir sind denn auch ganz gut bis an unsern Fluß gekommen, wo Vadder sein Boot liegenhatte. Aber nu kam erstmal das, wo sie beire Preußen ‚Vergatterung' zu sagen. Ich krichte ganz genau zu wissen, was bein Angeln alles verboten is. Mit'n Boot durft ich nich wackeln, nee, ich sollte rein still sitzen. Was zu essen gab das erst mittags zu Hause, weil Vadder die Tasche mitte Butterbrote vergessen hatte. Das war hart, aber das Schlimmste kam erst noch: ich sollt doch woraftig drei Stunden lang den Mund halten! Wegen die Fische! Un sowas halt ich heut noch nich aus! Un denn gleich drei Stunden! Mir gingen bei kleinen die Augen über, aber Vadder tüderte schon ganz ernsthaftig seinen Angelkram ausnanner, setzte sich ins Boot un mich auch. Denn ruderte er sachten in den Fluß rein, so lang wie das Tau nach Land hin war. Tjä, un denn saßen wir in'n Boot: Vadder hatte man bloß Augen für seine Angel, kein büschen Wind war, kein Fisch ging an'n Haken — das olle Korkflott vonner Angel muckste un rögte sich nich. Un ümmer, wenn ich was sagen wollt, denn kuckte mein Oller mich an wie sone Kreuzotter die Maus.

Das dauerte woll schon 'ne Stunde. Ich konnt nich mehr sitzen, mir lief der Schwitz inne Augen, un ich hatt doch auch son Hunger . . . da sah ich das Flott untertauchen! ‚Vadder!' kam ich hoch, ‚Kuck doch!' Aber da kam das Flott schon wieder nach oben. Vadder war so inner Fahrt, daß er man gebölkt hat: ‚Du hast den Fisch weggejagt, du Törfkopp!' un denn krichte ich auch schon son Ding an'n Hals, daß ich vor Schreck glatt über Bord gegangen bin.

Das klatschte man so, als ich ins Wasser schoß. Vadder fuhr zusammen, jumpte hinterher un krichte mich grade noch zu halten. Unten anner Hose hatter mich gerettet! Tja, un als wir beide dann mistnaß wieder an Land standen, da konnten wir grade noch sehn, wie die schöne neue Angel mit große Geschwindigkeit in den Bodden rausschwamm. Da muß'n ganz dicker Fisch angewesen sein.

Vadder war weiß umme Nase, als er mich wieder auf sein Fahrrad setzen tat. Gesagt hat er aber nix. Er trat man bloß so wüterich aufe Pedalen los, als wenn er in'n Sechstagerennen fahren müßte. Zu Hause kam ich denn gleich auf'n Bett. Ich durft auch nie nich wieder mit, wenn Vadder nach'n Angeln ging. Süh, un so is das denn gekommen, daß meine erste Angeltour denn auch gleich meine letzte gewesen is."

Un denn ging Käppen Möhlenbeck seinen Matjes so vergrellt un abasig zu Leibe, daß ein da deutlich an sehen konnt, wie doll seine Jugendbelebnisse noch heut den Tag achter ihm her sind.

DAMENRINGKAMPF

Auf'n Weg nach'n Stammtisch hatte Käppen Möhlenbeck 'ne junge Frau gesehn, von welche die Leute sagen, die wär zu alles zu gebrauchen. Nu saß der Käppen in tiefe Gedanken achter seinen Bierkrug un dachte mit alle Kraft übere Frauen nach — sonnerlich über sone, wie er da eben eine von gesehen hatte. Enno un Fiedi störten ihn nich, indem sie froh waren, wenn er mal stillswieg. Denn aber kamen die Erinnerungen über Möhlenbeck wie der Monsunwind übern mittleren Atlantik:

„Is schon 'ne Zeit her, da hab ich in Hamburg meinen Freund Hemmann seinen Sohn getroffen. Der heißt auch Hemmann un sitzt ganz hinten inner Lüneburger Heide als Schulmeister. Un nu wollt er vor lauter Gewalt was beleben, wollt nach Sankt Pauli, der ollen Amisierfabrik. Sollt aber ganz was Dolles sein, un ich als Käppen müßt sowas ja wissen, meinte er. Na, da sagte ich denn so: ‚Gut', sagte ich, ‚denn gehn wir nach'n Damenschlammringkampf.' Hemmann kuckte mich verbaast an: ‚Was denn? Damen ...? Un denn Schlamm? Richtige Damen?' Für sone Frage hatte er nu ja Grund — un so meinte ich denn: ‚Na ja, Damen — das is vielleicht büschen viel gesagt — aber Fraunsmenschen sin das bestimmt.' Mit solche Worte gingen wir nacher Großen Freiheit hin. Vor der Tür von dem Etablissemang, wo sie die Schlammwühlereien zeigen, gab ich Hemmann noch'n guten Rat, indem er seinen Schulkinnern da nix von erzählen sollte. Er wollt es aber nich mal seiner Frau sagen.

Binnen setzten wir uns inne Losche, indem wir fein angezogen waren — mit weiße Kragen un weiße Wäsche — un dicht unter uns war der große Schlammtrog, vier mal acht Meter, un voll mit düstergriesen Schlick. Ich zeigte Hemmann noch die kleinen Gardinen, die ein zumachen kann, wenn der Schlick inner Gegend rumfliegt — un denn kamen die ‚Sportlerinnen' auch schon rein. Zwei junge Deerns, die Badebüxen un Badekappen an'n Leibe hatten, sonst nix. Die klabasterten in die große Wanne — un ich sagte leise zu Hemmann: ‚Na, kannst nu sehen, daß die beiden rejelle Fraunsleute sind?' Hemmann schüddelte bloß mit'n Kopf: ‚Das können bei sonen halben Anzug ja woll sogar meine Schulkinner sehn! Junge, Junge doch auch . . .!'

Denn ging es los! Sone dicke Mamsell stand an der Wanne un bölkte: ‚Aufstellung!', die beiden Deerns stappten aufnanner los un schüddelten sich die Hände. Denn fleut'te die Dicke auf 'ne Batteriepfeife, un die erste Runde ging los. Die beiden Frolleins knallten sich gegenseitig in'n Schlick, das klatschte man so! Un da klatschten die Zuschauer auch. Un in'n neegsten Momang, da wühlten die beiden inner Maratz rum als die Ferkel in'n Mist. Un nach der ersten Runde sahen sie denn schon aus wie erwachsene Ferkel. Daß sie nich genug anhatten, das konnt ein schon garnich mehr sehn.

Hemmann hatte erst bloß mit'n Kopp geschüddelt, aber denn brachte ihm die Sache bei kleinen Spaß. Un als die zweite Runde losging, da juchte er, — wir hatten inzwischen büschen Konjack getrunken, — daß ich ihn ernstlich warnen mußte. Die Deerns kuckten nach uns hin, un ab un zu flog schon ümmer mal'n Klacks von den Schlick nach unsre Losche rauf. So sagte ich denn: ‚Hemmann', sagte ich, ‚sei vorsichtig! Sie schießen uns schon vorn Bug!' Aber

Hemmann war so in'n Lachen, daß ihm die Tränen übere Backen kullerten. Als denn'n besoffener Kerl mit weiße Hemdsärmel vor lauter Gewalt in die Schlickwanne rein wollte un zwei lange Rausschmeißer ihn an Arme un Beine festhalten mußten, da quiekte Hemmann vor Lachen – un die Schlickkluten, die nach uns raufflogen, die wurden bei kleinen ümmer dicker.

Inner Pause nacher zweiten Runde mußten wir fix noch paar Konjacks trinken – un denn kam die Endrunde! Die beiden Fraunsmenschen klatschten sich gegenseitig inne Schiet, das schepperte man so. Sie schmissen sich dicke Schlammklumpen vore Brüste – un Hemmann schrie alle Naslang: ‚Nu kuck dir doch die Farkens an!' Da unten aber ging es nu aufs letzte. Die beiden ‚Kämpferinnen' hatten sich zu fassen, un die eine proppte der annern mit Wucht die ganze Büx voll Schlick. Denn ließ sie los, un das arme Wurm mit der dicken Büx konnt zusehn, wie sie den Schlick wieder loswurde. Hemmann aber haute sich aufe Knie un röhrte dwars durch den Saal: ‚Minsch, wat sünd dat för Swien!'

In denselbigten Moment klatschte das auch schon – un Hemmann hatte 'n schönen dicken Klumpen griesen Schlick quer übern Mund zu sitzen. Die Hälfte davon sackte ihm ganz sinnig über den steifen Kragen weg auf die weiße Hemdbrust. Die Leute schrien als verdoll vor Lachen, bloß Hemmann mocht nich mehr lachen – der hatte die Nase voll.

Unten war der Ringkampf zu Ende. Hemmann hatte das meiste von sein Schlammbad abgekratzt un inne Ecke geknallt. Ich schlurrte den armen Mensch denn inne Garderobe — un wir sahn zu, daß wir das letzte auch noch abkrichten. Was hab ich ihm dabei zugered't! Schlick wär ja so gesund, hab ich gesagt, sonnerlich bei Rheumatismus — un sowas könnt doch mal passiern, wo die Deerns ümmer so doll kämpfen müssen. Aber da wollt Hemmann nix von wissen. ‚Nee, nee! Das ham die extra gemacht!' Nu sagte ich ihm, er hätt ja auch man stillschweigen können. Das leucht'te ihm denn auch son büschen ein — aber vonner Reeperbahn, da hätt er für alle Zeiten genug von — er wollt nu nach'n Hotel!

Süh, un da dacht ich so, daß die Schlickdeerns ja woll reinweg was Gutes gemacht hatten. Hemmann hatte garkeine Freude mehr an Sankt Pauli — wir sind denn auch am nächsten Abend waraftig nach'n Ohnsorgtheater gegangen.

So krichte ich denn aufer Hamburger Reeperbahn die richtige Erkenntnis, daß bei welche Menschen 'n dicken Kluten Schiet ins Gesicht, — wenn er man zur richtigen Zeit geschmissen wird! — ihre angeknackste Tugend retten kann!"

Möhlenbeck stemmte sein Glas hoch — na, un daß sie da denn allemann orrnlich einen auf trinken mußten, das ischa woll klar. Sone Art Tugend is fürn rechten Mann ümmer'n Grund!

DIE WETTE

Käppen Möhlenbeck saß an einem viel zu schönen Sommerabend wieder mal mit Steuermann Behrens un Fiedi Hagedorn an seinen Stammtisch in'n „Schienfatt". Er war bannig an'n Erzählen, was er nachmittags bein Geburtstag von seinen ältesten Neffen alles zu essen gekricht hatte. Nu wußten die annern beiden ja, was Möhlenbeck in seinen gadlichen Spitzbauch alles lassen kann — man was er da so aufzählen tat, das war doch rein büschen viel. Enno Behrens, der schüddelte denn auch so doll mit seinen Kopp, daß Möhlenbeck ihn scharf ankuckte un frug: „Glaubst du mir das vielleicht nich?" — „Nee, Möhlenbeck", gab Behrens darauf zurück, „ich weiß woll, daß du in Wust un Käse wüten tust wie son Seehund inne Heringe, aberst dies nehm ich dir nich ab! 'n ganzes Pfund Granat so zwischendurch? Nee!" Da kam Möhlenbeck denn so recht inne Fahrt: „Krabben eß ich ümmer pfundweise! Da is ja nix dran! Blotsen Wasser! Da eß ich auch zwei Pfund von, wenn's nötig tut."

„Das will ich nu aber wissen!" bölkte Enno, der all wieder'n roten Kopp hatte, un denn schrie er nach'n Wirt. Hollje kam denn auch automatisch mit drei Bier und drei Schluck. „Is auch recht", nickköppte Behrens, „Stell man hin. Aberst eigens wollt ich wissen, wieviel Granat ihr inner Küche habt."

Der Wirt kleihte sich an'n Kopp: „Krabben? Chott ja, son gute drei Pfund hat meine Frau woll noch." — „Gut!" haute Enno mitter Faust auf'n Tisch, „Un die sollst du heut abend noch essen, Möhlenbeck!"

„Das is mir paßlich“, sagte der nu wieder, „ich hab eigens auch garnich genug Bratkartoffeln gehabt vonabend. Un wenn ich sie schaffen tu, denn bezahlst du dafür, Behrens!“ — „Das tu ich, un auch Bier un Sluck dazu“, griente Enno Behrens, daß seine Ohren Besuch krichten. — „Denn geh ich eben mit nacher Küche, Hollje!“ sagte Möhlenbeck, stand auf — und die beiden schoben raus.

„Diesmal krieg ich ihm, Fiedi“, meinte Enno, indem er sich die Hände rieb, „ich weiß, wie gut daß er vonnachmittag gegessen hat. Überhaupt, könntst du woll drei Pfund Krabben essen?“ — „Nee“, gab Fiedi Hagedorn zu, „ich kann woll fix was lassen, aberst drei Pfund Granat —nee, die schaff ich nich.“

Nach'n paar Minuten kam Möhlenbeck wieder rein, setzte sich an'n Tisch un meinte: „Hollje seine Frau macht die paar Dinger eben zurecht.“

Denn erzählten die drei sich das Neuste. Möhlenbeck hatte gelesen, in'n Zoologischen Garten in München hatten se'n Fernsehkasten ins Affenhaus gesetzt. „Da hört er auch hin!“ sagte Behrens, aber Möhlenbeck erzählte all weiter: „Wenn Menschen aufer Mattscheibe zu sehn sind, denn gehn die Affen weg un spielen.“ — „Sünd doll klug, sone Affen!“ meinte Hagedorn nu wieder. Aberst Möhlenbeck wußte noch, daß die Affen bei Löwen un Elefanten oder auch bei Hunden un Katzen heil genau aufpassen, die Schimpansen zuminnst. Beire Gorillas wär das ganz anners. Die sitzen meist stunnenlang vorn Fernsehn un kucken mit große, dowe Augen alles an, wasse da zeigen. Enno wiwakte mit'n Kopp: „Sind doch woll unse Cousins, die Gorillas. Ich kenn so viel Menschen, die machen das jüst so.“ Un denn verklarten die beiden sich gegenseitig, was sie vonne Menschen un vonne Affen un vons Fernsehn so halten. Un Fiedi Hagedorn nickte da ümmer mit'n Kopp zu.

Man zuletzt mußt Fiedi rein lachen un rief: „Kinners, heute tühnt ihr aber büschen viel dummes Zeug!“ Da kuckte Enno Behrens ihn mit seine scharfen Steuermannsaugen lange an un grummelte: „Das will ich dir man sagen, Fiedi: Klug schnacken kann jeder Döskopp! Aberst son recht dummes Zeug tühnen, so mit'n Pfiff, das is garnich so einfach!“

Als Fiedi ihm grade recht gab, da kam Gastwirt Hollje mit'n Teller rein, un da lagen sechs Buletten auf. „So, Käppen!“ rief er dabei, „Hier sin die dreieinhalb Pfund Granat!“

Enno Behrens krichte den Mund nich wieder dicht! Hatte Möhlenbeck doch die Krabben durchdrehn lassen, un Hollje seine Frau hatte da Buletten von gemacht!

Nach 'ne gute Stunde hatte der Käppen die Buletten so nebenbei weggeputzt, mit Bier un Senf un Schnaps, un Behrens mußte das allens bezahlen. Da schümpfte er gräsig un sagte, sone Granat, das wären eigens garkeine Granat. Möhlenbeck hätte ja woll seinen Klug nich mehr! Aberst da kuckte der Käppen ihn ganz freundlich an un frug: „Hast du nich gesagt, klug schnacken kann jeder Döskopp?“ In den Momang fiel Enno das Kinn aufe Brust, un wenn sein Kopp denn auch blaurot war als wie die Oldenburger Fahne, er mußte zugeben: Möhlenbeck hatte wieder inner Wette gewonnen. Un das kam ihm verdeuwelt hart an.

PHILIPSGRÜN

Käppen Möhlenbeck hatte Post gekricht von seinen Brudersohn Georg, der in Meckelburg auf'n Fischland wohnt un da'n Trawler fährt, son Fischdampfer. Wenn Möhlenbeck aber was von Georg hört, denn wird in sein Herz das Heimweh son büschen munter – un denn läßt ihn das keine Ruhe, dennso muß un muß er Enno un Fiedi an'n Stammtisch was von Meckelburg erzählen. Die beiden kennen das schon un hören denn auch geruhig zu. Diesmal hatte er nu Meckelburg un die christliche Seefahrt zusammen bein Wickel.

„Das wimmelt un krimmelt anner meckelburgschen Küste man so von Seeleute, olle Kaptäne, Lotsen un Fischerleute", fing er an, „un das wimmelt un krimmelt auch man so von Geschichten. Die sin alle wahr – auch die annern, die büschen gesponnen sind. Kannst überhaupt 'n Barg erzählen über Meckelburg, wo die Leute auch Land-Ein zu sagen. Gibt da allerhand Sachen, die sin anners wie annerswo, un da hört auch Philipsgrün zu. Kennt ihr nich? Denn muß ich das eben von'n Munde geben.

Süh, in Meckelburg kommen die Seeleute un Fischer nich in'n Himmel, wenn sie ihre letzte Reise hinter sich haben. Nee, das geht nich, indem sie bei Lebzeiten so gräsig viel fluchen un Grog trinken un . . . na ja, ich mein, sie leben amenn sonst auch nich ümmer so als wie es inne Bibel Vorschrift is. In'n Himmel kommen sie also nich. Is aber nu ja auch wieder so, dasse, die Seeleute un Fischer, mutig sin un gute Kameraden – süh, un das is nu alles wieder was Gutes. Dennso können sie ja auch nich inne Hölle kommen. Ganz unter uns: der Teufel is da auch garnich so scharf auf, dasser die Sailors kricht. Weil die nu also nich in'n Himmel un auch nich inne Hölle können, haben sie beirer Himmels-UNO son Stück gleich achter der Milchstraße eingericht un das heißt Philipsgrün. Liegt zwischen Himmel un Hölle. Da gibt es zwarst keine Fraunsmenschen, aber doch zumindest Grog — un so kann ein da denn ja auch leben.

Nach Philipsgrün kam denn ja nu mal der Öberste vonne Teufels, oll Satan senior. Der wollt so gern, daß die Jantjes ihm was vorsingen sollten. Von irgendeinen alten Musikprofessor hatte er man gehört, die Seeleute könnten so schön singen. Musikprofessoren kommen ja meist inne Hölle, weil sie so viel füre moderne Musik überhaben. Nu stand also der olle Satan da, stützte sich auf seinen Blasebalg un bettelte rum, die Seeleute sollten ihm doch man einen singen. Son olles Lied, wie sie das früher aufe Segelschiffe ümmer gesungen hatten.

‚Tjä', sagte der dienstälteste Kaptän un kleihte sich achtere Ohren, ‚son Shanty willst hören, was? Wollen wir dir ja auch ganz gern vorsingen. Kennen wir ja alle noch. Man bloß: bein Singen, da müssen wir was haben, wo wir an ziehen können — bein Shanty-Singen zumindest. 'n Segeltau oder sowas. Aberst hier oben gibt das ja abslut keinen ordentlichen Tampen! Ich weiß nich mal, woans ich meine Schiffsjungs die Zehn Gebote ohne Tau-Enn beibringen soll!'

Der Teufelsscheff wollt doch nu aber so gern, daß die Seeleute ihm'n Shanty vorsingen sollten. Dabei fiel ihm denn ein, dasse denn ja man bein Singen an seinen langen Schwanz ziehn könnten.

Der olle Kaptän, — ich glaub, er hieß Brathering, — der peilte die Lage erstmal ganz genau. Denn nickköppte er, plinkte seine Leute mit ein Auge zu — un denn spuckten sie alle inne Hände un langten nach den Teufel seinen Steert. Sie zogen mit alle Macht un sangen da denn auch bei das alte Shanty ‚Roll the cotton down!' Der Obersatan war ganz weg mit Rührung. Aber als denn der Refrain kam, da rissen die Jantjes so doll, daß dem Oberteufel sein schöner langer Schwanz mit'n lauten Ratsch glatt aus'n Leibe riß.

Satan kam hoch als wie sone Rakete un schrie un jaulte un fluchte. Denn aber fegte er, so fix als er man konnte, runter in seine Hölle. Das Gebölk aber war noch lange bis nach Philipsgrün zu hören.

Die Seeleute aberst, die kringelten sich rein vor Lachen, un die haben denn fors den ‚Gesangverein Philipsgrün' gegründet. Sie hatten nu ja was zum Ziehen. Un denn haben sie an'n neegsten Abend all 'n großes Gala-Shanty-Konzert gegeben, was'n ganz großer Erfolg war. Un daß es dabei in'n Saal büschen nach Schwefel gestunken hat, das hat keineinen was ausgemacht. Bloß der oberste Satan, als der von weiten die Shanties hören tat, da fing der wieder an zu jaulen. Er hatte ja nu keinen Steert nich mehr — nich mal'n ganz kleinen Stummel!"

Möhlenbeck steckte sich seine Piep an, nickte paarmal mit seinen Kopp, un Fiedi Hagedorn bestellte Bier. Denn tranken sie sich einen auf Möhlenbeck seinen Brudersohn sein Wohl. So lange un so gründlich, daß Magnus Dierks sie nachher alle drei mitter Taxe nach Haus fahren mußte.

DAS LOTSEN-EXAMEN

Käppen Möhlenbeck hatte mal wieder seinen nachdenkerigen Tag, als er an'n Stammtisch saß. Un als Fiedi Hagedorn eben mal nachfragte, woso, da legte der Käppen seine beiden Arme auf'n Tisch un sinnierte:

„Vor paar Tage war ich bein guten Freund un hab da Sülwern Hochzeit mit gefeiert. Da war auch'n Schwestersohn von den Sülwern Bräutigam, un der hatte jüst sein Kaptänspatent auf große Fahrt gekricht. Nu war er den ganzen Abend zugange un erzählte man ümmer bloß von sein Examen un wie schlimm daß dieses gewesen wär. Un als der neue Kaptän denn bei seine Physik-Prüfung war, — wo ich nie nich was von begriffen hab, auch inner Schule nich, — da mußt ich mitnmal an den ollen Seefischer Ahlgrimm aus Warnemünde denken. Den hat vorn Stücker achzig Jahre jederein zwüschen Rostock un Wustrow im alten Meckelburg gekannt: war son richtigen ollen Seestiefel. Als er denn aber büschen zu alt war füre Seefischerei, da wollt Ahlgrimm denn Lotse weern.

Dafür aberst mußt er'n Examen machen, so stand das inne Vorschriften. Un das paßte Ahlgrimm nich, indem er die meckelborgsche Küste viel besser kennen tat als wie der alte Gutsschäfer Konow seine Hammels. Liekerviel: Ahlgrimm mußt vore Kommischon!

Der große Tag war denn da: Ahlgrimm stand in seinen Kirchgangsanzug un orrnlich mit'n Slips um'n Nacken vor den großen grünen Tisch, wo die Kommischon achtersaß. 'n ganz jungen Kerl, son unbewußten Assessor von's Ministerium in Schwerin, der ging nu ganz barbarsch un mit allerhand dummerhaftige Fragen auf den Ollen los. Dieses Spielwerk hörte sich denn so an:

‚Wenn Sie'n Schiff aus Warnemünde rausbringen wollen, Herr Ahlgrimm, — sagen wir mal, son Segelschiff von gute hunnert Last, — woans machen Sie das?'

‚Ich setz Segel un fahr raus! Was anners woll?'

‚Schön — wenn aber nu draußen orrnlich Wind is?'

‚Denn schlag ich'n Reff inne Segels!'

‚Gut — gut. Wenn nu aber der Sturm ümmer noch döller wird?'

‚Denn schlag ich noch'n Reff rein. Dascha doch woll klar?!'

‚Is recht soweit. Nu is aber der Sturm, wenn Sie noch'n Stück rauskommen, so hart, daß die Segel über Bord gehn! Was denn?'

‚Mein Zeit, denn schmeiß ich Anker!'

‚Sehr gut. Wenn aber nu die Ankerkette reißt?'

‚Die reißt nich, Mann!'

‚Wir nehmen aber an, sie tut das! Was machen Sie denn?'

‚Denn schmeiß ich Notanker.'

‚Bravo! Nun reißt aber auch die Kette von dem Notanker?'

Ahlgrimm hatte'n gläunig roten Kopp, un denn rief er: ‚Die Kette reißt nu aber für wiß nich!'

‚Un ich sag, sie reißt!'

‚Un ich sag, sie reißt nich! Verdammi nochmalzu! Das müßt ja'n wahren Seelenverkäufer sein, wo überhaupt nix gut an is!'

‚Na, na!' sagte der junge Mann recht son büschen von oben, ‚Nu man nich so hitzig, mein lieber Ahlgrimm! Wir wollen ja woll das Examen büschen bestehen, nich?! Un wir nehmen das ja auch bloß an. Also — wenn nu die Kette vom Notanker auch noch reißt, was denn?‘

Da lehnte Ahlgrimm sich in seinen Stuhl zurück, legte sich beide Arme vore Brust un gnurrte den jungen Mann achter seinen Tisch an, als wenn er Bauer Rosenow sein Sultan weer: ‚Denn, mein Jung, denn hätt ich das, was du an meiner Stelle denn all lange hättst: denn hätt ich die Büxen bis an'n Kragen voll!‘

Der junge Assessor krichte Glupschaugen un war so verdattert, daß er kein Worte mehr rauskrichte. Die annern Kerls inner Kommischon aberst, olle Kaptäne un Seeleute, die bölkten man so vor Lachen un kloppten sich ümmer wieder aufe Knie un konnten sich garnich wieder einkriegen. Un in diesen Augenblick hatte Fischer Ahlgrimm sein Lotsen-Examen bestanden.“

Möhlenbeck smustergriente vor sich hin, strich sich eben mal mitter Hand über seinen Seehundsbart un sagte ganz sinnig: „Wißt ihr, da mußt ich an denken, als beirer Sülwerhochzeit von meinen Freund der junge Kaptän von seine Prüfung erzählen tat. Orrnlich mit Physik un so. Das hatte damals in Ahlgrimm seine Zeit denn doch woll 'ne annere Art mitte Examens. Man liekerviel sin die Leute, die sone Art Examens gemacht haben wie Ahlgrimm, mit ihre Segelschiffe bei Sturm un Orkan nach Australien un Chile un Indien gefahrn un rund umme Welt. Ohne Radar un FT un große, starke Maschine!“

Da stützte Enno Behrens seinen Kopp inne Hand, dachte ‘n Momang ganz doll nach un frug denn mit garnich mal so laute Stimme: „Meinst nich auch, Möhlenbeck, daß amenn das, was einer so richtig kann un abgewettert hat, doch vielleicht mehr ausmacht als das, was einer ausse Bücher gelernt hat?!"

HAVARIE

Käppen Möhlenbeck saß in seinen Stammkrug, hatte die graue Steinkruke mit Bier vor sich zu stehn un plierte in das Licht vonner Lampe. Die war aberst knapp zu sehn, so doll qualmten die drei Kerls um den Tisch gegen das Licht vonner Lampe an: der Käppen selbst, Steuermann Behrens un Fiedi Hagedorn. Sah meist aus, als wenn das inner Ecke brennen tat – un die drei waren denn ja auch tüchtig mit'n Löschen zugange . . .

Da kam Max Hawerdorf an'n Tisch: son Hannelsmann in Schweine un Kühe un Pferde. Möhlenbeck konnt un konnt ihn nich leiden, indem er so viel sabbeln tat. Hawerdorf aber ließ ihn nich in Frieden, wenn er den Käppen man zu sehn krichte. Er mochte seine Geschichten mal zu gern hören. So ging Max denn auch fors an den Stammtisch sitzen, obschonst ihn da keiner zu genötigt hatte. Aber er gab Bier un Schluck aus un rief Prost. Na, da war denn ja nix gegen zu sagen, un so tranken sie sich denn allzusammen einen. Awer Hawerdorf hatte sich man so eben sein Mundwerk abgewischt, da ging er schon auf Möhlenbeck los. Der sollte un sollte doch nu eine von seine Geschichten erzählen. Erst schnackte der Käppen da ja noch gegenan – aber nachdem Hawerdorf die drütte Runde geschmissen hatte, konnte er nich mehr viel streiten. So kratzte Käppen Möhlenbeck sich denn erstmal gadlich achtere Ohren, lehnte sich in seinen Stuhl zurück un fing an mit seinen Seemannsbaß: „Sind Sie schon mal bei westen Sturm von elf Beaufort zwischen Grönland un Island mang die Eisberge zugange gewesen, Hawerdorf?“ Der krichte schon bange

Augen, als er da man an dachte un schüddelte seinen Kopp. „Sehnse woll“, nickkoppte Möhlenbeck, „sin Se nich. Aberst ich! Un ich hab da sogar Havarie gehabt. Mitter ‚Arctic Ocean‘. Wir sind mit'n Eisberg zusammengestoßen, der war woll so groß wierer Chimborasso!“ — „Nee doch!“ kam Hawerdorf hoch. „Jawoll!“ bölkte Möhlenbeck, der nu erst so recht inne Gang kam. „Un der Eisberg hat unsern Schiff die ganze Backbordseite aufgerissen! Da konnten auch die Schotten nich mehr gegenan. Ich stand aufer Brücke, als unter mir in den Maschinenraum der Kessel ausnanner flog, was garnich gut war. Gab aber kein Feuer unten, was nu wieder gut war, indem ja das Seewasser von draußen über den Kessel lief, was denn aber doch wieder nich so gut war. Un denn merkte ich auch all, wie der Dampfer mir doch so ganz sinnig untere Füße wegsacken tat.“

Max Hawerdorf kam das kalte Gräsen an, aber Möhlenbeck war nu nich mehr zu halten. „Ich steckte mir 'ne frische Pfeife an, un denn ja nach unten. Un als ich jüst vorn Schiffslazarett war, da gab das son donnerigen Knall, daß ich platt vorn Deckschott backte. Was war passiert? Ins Lazarett stand 'n großer Korb voll mit Karbid für unsere Karbidlampen. Karbid wird ja auch genommen, wenn mal kein Jod da is un einer desinfiliert werden muß. Dies Karbid aberst war nu explodiert, als all das Wasser da ankam — wir sanken ümmer weiter, Hawerdorf!“ Der hatte eiskalte Hände, so stellte er sich das alles vor. „Tja, der olle Karbid, der war also nu auch noch inne Luft gegangen, un gleich mit sone Wucht, daß unser Schiff in zwei Teile ausnannerfiel, Hawerdorf! Als son Appel, wenn ihn einer midden durchschneiden tut. Die beiden Teile sackten weg als son paar Feldsteine. Un ich stand dazwischen un krichte naßkalte Füße. Das Wasser hatte ja man ein orrer zwei Grad, un das stieg un stieg. Mein Kragen wurde all naß – un denn kam ich so tief ins Eiswasser zu stehn, daß mir, verdamminochmalzu, die Pfeife in'n Mund ausging!"

Hawerdorf schuderte sich an'n ganzen Leib un fragte: „Un denn, Käppen Möhlenbeck? Un was kam denn?"

Käppen Möhlenbeck kuckte den zitterigen Hawerdorf lange an, als wenn er ihn durch un durch kucken wollte – Hawerdorf kam schon halb in seinen Stuhl hoch – un denn sagte Möhlenbeck sinnig un ehrenfest, wie son ollen Kapitän vons Fischland das zusteht: „Un denn, Hawerdorf, denn bün ich versoffen!"

CLEMENS

Käppen Möhlenbeck haute auf den Stammtisch, daß Enno Behrens un Fiedi Hagedorn sich man so verjagten un Hollje fors mit Bier un Schluck anzuboßeln kam. Denn tat Möhlenbeck seinen Mund auf un grollte: „Ich mag all garnich mehr inne Zeitung un ins Puschenkino kucken, wenn da Nachrichten in kommen! Mal zeigen sie'n Kerl, der muß alle vierzehn Tage 'ne junge Deern totmachen, wo seine Mutter aber schuld an hat — mal kommt'n Richter, den sie ins Knie geschossen haben, indem er'n bösen Kaptalist is. So dick haben die Richters das ja auch nich. Ich kenn ja sülben einen. Denn wieder kannst sehn, woans die Wilden in Berlin die Ladenfensters einschmeißen un alles rausklaun, wo die Polizei aber nix gegen machen darf, indem die Gesellschaft schuld is an das Klauen. Mord un Totschlag, Politik un annern Betrug — gräsigen Kram!

Un denn erst die Zeitungen mitte bunten Biller! Der englische Kronprinz is mit Dianan all vorer Hochzeit inne Betten gewesen — laß ihm doch! Romy Schneider läßt sich wieder mal scheiden — soll nich so viel heiraten, die dösige Deern! Un die olle Zsa Zsa Gabor, die nu auch woll bei kleinen mit'n Kopp wackeln muß, die hat grad ihren vierundreißigsten Kerl bei'n Wickel. Kinners, sind die Leute mall!

Nee, da bün ich man froh, daß ich so meine Erinnerungen hab, — meine Memaren, Behrens! — daß ich einfach so an das denken kann, was in frühere Tage war — sonne Art Fernsehn rückwärts, versteht ihr? Da gab das ja so viele Sachen zu'n Smustergrienen un mennigmal auch bannig intressante! Wenn ich da man an Clemens denk! Da war ich inne zwanziger Jahre mal wieder in Australien — als Kapitän von'n Getreideviermaster, Behrens, als du noch Moses auf 'ne Brigg warst! — na ja, da hab ich Clemens getroffen, der son gutes Leben hatte, indem er ja nix tun mußte ... Kuckt nich so, Menschenskinners! Na ja, ich merk all, ihr kommt wieder nich mit. Gut, fang ich das Garn ganz von vorn an. Süh, nich weit ab von Sidney, da gab das sone Slangenfarm, wo sie australianische Kreuzottern un anners all son Würmerkram züchten taten. Un eins von die Biester, — 'ne Python, was'ne Riesenslange is, Hagedorn. Ich hab da während meine Fahrenszeit Tausende von gesehn un auch mit gekämpft ... Eine von die Pythons in Sidney, sag ich, die hieß Clemens. Die war damals noch bannig jung, hatte'n Bleß vorn Kopp un war für 'ne Riesenslange auch noch büschen kurz: nich viel mehr als drei Meter lang. Aber sie wußte dunn all, was sie wollte. Als son Dackel is sie ümmer achter Herrchen angekrochen, — Mister Cann hieß der, ja, nu fällt mirs wieder ein, — überall war sie bei. Die Slange liebte ihrn Herrn, verstehst du, Behrens? Das passiert öfters mitte Tiere, hab ich selber mal mit'n Riesenkraken erlebt, der ümmer so an mir hing ... Aber das is was anners. — Clemens, der Pythonjunge zuminnst, der liebte Herrchen so doll, daß Frauchen das argern tat. Un so hat sie da denn für gesorgt, daß Clemens über Tag in son großen Weidenkorb reinkam, wo er anners auch nich viel gegen hatte. Bloß wenn Essenszeit war, denn wurd er falsch. Denn tobte Clemens in seinen Korb rum, smiß den Deckel ab, kroch raus un slängelte inner Wohnung rum, als sone Slange das ja auch zukommt. Clemens gab auch laut un deutlich Bescheid, wenn er Hunger hatte. Das hörte sich denn an, als wenn son Baby drinsen un'n Hund dazu gnurren tut. Un denn kroch Clemens nach'n Tisch hin un stellte sich mit sein Vorderteil so hoch, daß er aufe Tischplatte raufkucken konnte. Ich weiß nich, ob das bei sone Slange auch ‚Männchen machen' heißt – aber Clemens hat Männchen gemacht! Mit'n Löffel krichte er denn sein Futter – un was er an'n liebsten mochte, da hab ich mich ümmer über verwunnert. Was ihr das nu glaubt oder nich, – grins nich so dummerhaftig, Behrens!, – an'n dollsten war Clemens hinter gekochten Gries un Haferflocken her. Mit Mäuse un Ratten konnt ein diese sünnerbare Slange nich kommen, denn riß sie aus als dunn der Tiger inne Dschungels vor meine knülle Faust. Aber das erzähl ich annermal . . .

Nee, böse wurde Clemens bloß, wenn einer sich zu doll um Herrchen kümmern tat. An'n liebsten un wenn's man jichtens ging, kroch die olle verdrehte Python-Slange auf Herrchen seinen Puckel, kringelte sich um seine Schultern un blieb da als son Kragen auf liegen. Un wenn denn Mudder Cann, – was die Frau von Mister Cann war, Hagedorn! – wenn die denn kam un mit ihren Mann reden oder gar schümpfen tat, dennso kam Clemens hoch, stieß ümmer so mit'n Kopp nach Frau Cann, ging ihr ganz gefährlich mit der spitzigen Zunge unnere Augen un wollt sie beißen. Un denn schrie Frau Cann als son halb geschlachtetes Schwein un neihte aus, daß ein bloß noch ihre Hacken sehn konnte."

Denn paffte Käppen Möhlenbeck 'ne grugelige Wolke aus seine Brüjär-Pfeife un sagte mit sachte Stimme: „Tja, das is nu auch schon anne sechzig Jahre her — un Clemens wird nu ins beste Python-Alter sein. Aber, Hagedorn, ich seh an deine Glubschaugen un wie du auf deinen Ehering kuckst, daß du was fragen willst. Un ich sage, es tut mir leid für dich — aberst sone Slange als Clemens gibt das bloß einmal un das is bei Sidney in Australien. Zu kaufen oder auszuleihen is sie nich. Schade, was, Hagedorn?"

TIGERS JAGEN

„Annerletzt hab ich euch zugesagt un versprochen", Käppen Möhlenbeck drückte den Tabak inner Pfeife mit seinen breiten Daumen fest, „ich wollt euch erzählen, wie mir das damals mitte Tigers gegangen war."

Enno Behrens un Fiedi Hagedorn kuckten mit große Besorgnis nache Deckenbalken rauf, aber der Käppen sah das nich. Er paffte seinen Pfeifenrauch inne Gegend, — un denn spulte er seine Geschichte ab.

„Son Mensch belebt ja viel, wenn er über die Sieben Seen schippert", fing er an. „Nich bloß an Bord, nee, auch wenn er mal an Land geht. Inne Dschungeln vielleicht, in Indien oder so. Da is mir mal was passiert, das is eigens garnich auszudenken is das eigens garnich. Wir gingen da so förfötsch durche Dschungeln, so — chott ja, wie son Mensch eben durche Dschungeln geht, nich? Un aufmal werd ich so kucken: da ruschelt das un da raschelt das. Ich denk: Deuwel auch, denk ich, was is das denn? Sieht ja meist aus, als wenn da'n Tiger durch das Unterholz segelt. Un waraftig: da war das auch einer! Un was für einer! Meist so groß als'n Elefant — na ja, als'n jungen Elefant, Behrens! Un ich wußt doch nich so recht, wie ich mit son Biest klarkommen sollt. Ich hatte nu ja weiter garnix bei mir, kein Gewehr un so. Wer denkt denn all ümmer an sone dummerhaftigen Tigers?! Aberst da duckt er sich all, ich auch. Er will springen . . . Ich bin noch garnich fertig mit'n Denken, da saust der Kerl all hoch — un auf mich los! Ich hab mich aberst fix noch büschen weiter runtergeduckt, er fegt man so über mich weg, un ich krieg ihn jüst noch an'n Swanz zu fassen.

Den hab ich so fest gehalten als ich man konnte — un an seinen Swanz hab ich das Biest denn so drei-, viermal um meinen Kopp rumgeswenkt. Denn hab ich ihn sausen lassen! Mitten rein inne Dschungels! Un was meint ihr woll, was der gemacht hat? Den Steert hat er zwischen die Beine geklemmt un is ausgeneiht — alles, was er man konnte!"

Behrens un Hagedorn waren platt! Zuminnst sagten sie kein sterbendes Wörtchen zu Möhlenbeck seine gruselige Geschichte. Den Käppen seine Stimme aber griente son büschen, als er weitererzählte: „Süh, un das war noch nich mal alles! Paar Jahre später komm ich wieder in dieselbigte Gegend. Ich geh so als damals inne Dschungels rein, un glupt da nich waraftig wieder son Biest mit gelbgrüne Augen aus'n Unterholz? Ich aber kuck ihn so recht an, so — chott ja, wie man son Tiger eben ankuckt — mitten rein in seine gläunigen Augen — un da dücht mir doch auf einmal: das is der von damals! Da droh ich ihm so mitter knüllen Faust un dreh meinen Arm drei-, viermal um meinen Kopp un bölk: ‚Na, was meinst? Wolln wir nochmal?!' Da hätt't ihr den Tiger man sehen sollen! Mein Zeit nochmal, der krichte recht son Gräsen in sein Gesicht, seine Barthaare, — is ja 'ne Großkatze, Hagedorn! — die sträubten sich man so — un denn drehte er sich batz um un jagte so weg — zwischene Palmen un Gummibäume durch! War das doch waraftig derselbe gewesen! — Süh, un aus diesen Belebnis, da hab ich denn aus gelernt: Auf sone Art, un allein man so muß der Mensch, wenn er grade mal kein Gewehr mit hat, mitte Tigers umgehn!"

Denn wurde das still an'n Stammtisch — bannig still. Enno Behrens un Fiedi Hagedorn langten nach ihre Gläser un sagten nich ein Wort. Sie waren man froh, daß die Balken oben anner Decke grade geblieben waren, indem daß sie unter einen untersaßen.

AUF'N DEICH

Das war mitten in'n Sommer. Käppen Möhlenbeck hatte mal wieder was in Bremerhaven zu tun gehabt – Pardon: inner Seestadt Bremerhaven! – un da mußte er denn ja an'n Stammtisch in'n „Schienfatt" über erzählen.

„Ich hab da was mit paar Frauen gehabt", sinnierte der Käppen – un als Enno Behrens un Fiedi Hagedorn un Heino Eilers ihn heil verbaast ankuckten, da griente er büschen wehmütig un sagte: „Nee, so nich. Die Zeiten sin ja woll vorbei. Aber – ich war nach'n Kaiserhafen rausgewesen un denn sinnig wieder nacher Stadt zurückgebummelt. Is doch'n ganzes Ende – un so ging ich denn bein neuen Museum oben auf'n Deich auf 'ne Bank sitzen. Ich hatt die Stadt in'n Rücken un kuckte raus auf die breite Weser, die inner Sommersonne schimmern tat, als wenn sie heil un deil aus Silber war. Un der Himmel war so blau, dasser eigentlich nach'n Mittelmeer gehört hätt. Draußen zog'n großen Oschenleiner vorbei – einer von Slomann-Neptun – un die Sirene konntst best hören. Vor seinen Bug schob er lütte weiße Wellen her, achter seinen Heck, da küselte sich das Kielwasser. Segelboote tanzten richtig übers Wasser, Motorjachten zogen an vorbei – tja, ich hab mich büschen zurückgelehnt un mich so recht über den guten, hellen Tach gefreut."

„Vergiß auch nich, Möhlenbeck", kam Hagedorn dazwüschen, „du wolltst uns was vonne Frauen erzählen!"

„Die kommen nu!" nickkoppte Möhlenbeck, „Ich schoß doch aufmal in'n Dutt zusammen – da waren vonner Stadt her drei Fraunsleute gekommen un hatten sich auf die Bank neben meine gesetzt. Sie waren inne besten Jahre — das sin die, wenn die guten vorbei sin, wißt ihr ja. Zwei von den Fraunsleuten waren nu ganz graulich angemalt. Ihre Gesichter — tja, die waren reinweg verputzt als sonne olle Mauer — un sie red'ten so recht aus'n Kohlenpott. Mit ‚Woll' un ‚Ährlich' un so. Aber reden taten sie nu eigentlich auch wieder nich. Sie — ja, sie sluderten, — ‚klatschen' sagt ein da auch woll zu, — un wurden ümmer lauter. Der grüne Containerdampfer draußen auf'n Strom kam da knapp noch mit seine Sirene gegenan. — Das wär garnich mehr auszuhalten, schandalte die eine Frau los — un sie hatte sonne blonden Haare, als das gar keine gibt. Ihr Mann ließ sich da nich von abbringen, schümpfte sie, sein Steak müßt durchgebraten sein! Sie wollte das aber roh haben! Wär der Kerl da nich, ohne daß sie da achterkam, heimlich — heimlich! — nach'n Wirtsmann gegangen un hatte sein Steak durchgebraten bestellt?! Ihgitt, schrien da die annern beiden, was'n Stück Mann aber doch auch! Jawoll, gnurrte die Ferkelblonde, aber so wär der ümmer. Ährlich! Un sie könnt überhaupt nich verstehn, daß sie den damals geheirat hätt! Das verstand die Sonne auch woll nich, die versteckte sich hinter 'ne dicke Wolke.

Die zweite Frau, sonne gnäterswarze, die auch nich echt war, — inne Haare, mein ich, — die sagte, mit ihren Mann wär nu erst ganz nix los! Aber sie tät da was gegen. Bein Kurball! Da hatte sie'n fixen jungen Mann kennengelernt, orrnlich braungebrannt, überall, doch — un den wollt sie denn nachher wieder treffen. Soweit käm das ja woll noch, zausterte die Olsch, daß sie nich ihren Willen haben sollt! Un die annern beiden waren voll mit Bewunnerung, daß sie so doll emanzipitioniert war, wie die Blonde denn noch sagte.

Die drütte von die Fraunsmenschen nu aber, die hatte'n Gesicht, da konnt ein sich überhaupt nix von merken. Nich mal die Haare waren gefärbt. Un die konnte nu garnix über sich selbst erzählen, nich mal über ihren Mann. Aberst auf Helgoland, so ließ sie sich vernehmen, auf Helgoland, da hatte sie in'n ganz schlechten Gasthaus gegessen!

Gehn Sie mir doch man ab mit Helgoland! quiekte da die Blonde, da sind die Zigaretten ümmer noch viel zu teuer, woll?! — Un der Kaffe erst, gnarrte die Gnäterswarze, der Kaffe erst! Un was der kostet! Sie müßt ja für den jungen Mann ümmer mitbezahlen, versteht sich . . . Och überhaupt, der junge Mann! Sie wollt ihn nu doch treffen! Inner Viertelstunde! Ährlich!

Der swarze Deuwel kam hoch — die Blonde auch — un die wollt sich nu auf ihren Mann stürzen! Wegen sein Steak! Die ohne Farbe aber, die wollt nu so nach'n Hotel un auf das Zimmermädchen los. Sie hatte an'n Abend vorher extra 'n abgebrannten Streichholz hinter der Heizung versteckt, un das faule Stück hatte ihn nich gefunden!

Die drei Gaffelzangen hängten sich ihre Backsbeeren übern Arm un marachten den Deich wieder runter nacher Stadt hin. Als sie so abzogen, da kam die Sonne auch wieder achter ihre Wolke raus.

Ich aber, was ich war, ich hab ganz tief Luft geholt un wieder über das schimmerige Wasser nach den grünen Land aufer annern Seite gekuckt. Von all dem hatten die drei Fraunsleute nix, aber auch rein garnix gesehn! Sind arme Frauns — un is'n Jammer — ährlich!"

Da nickkoppten Behrens un Hagedorn ganz doll un lange — un denn spülten sie alle vier so viel Unverständnis gründlich weg, indem Gastwirt Hollje zugehört un'n Buddel Rotwein ausgegeben hatte.

DAS KALTE BUFFET

Gastwirt Hollje stellte drei Schinkenbrote auf'n Stammtisch, un Käppen Möhlenbeck kuckte erst Hollje un denn die dicken rosa Schinkenscheiben so recht zufrieden an un seufzte aus tiefste Brust:

„Ich bin man ümmer wieder froh, wenn mir einer son paar nette Butterbröte hinstellt un'n Taß Kaffe dazu, un ich kann da so fein in essen."

Fiedi Hagedorn mußte sich wunnern: „Woso das denn? Is doch nix Besonners?"

Möhlenbeck aber hob seinen rechten Zeigefinger hoch: „Doch, isses. Ich muß da ümmer an denken, wenn ich wieder mal büschen nach Dänemark oder Schweden oder so fahr. Das macht mir jedes Mal Spaß. Ischa klar, ab un zu muß son pangschonierten Kaptän mal wieder raus auf See. Na, un wenn ich denn anner Reeling steh un kuck so runter aufe Wellen, wie sie vom Bug her anner Bordwand langziehn — na, denn is das meist wieder so wie damals. Versteht ihr das?"

Enno Behrens nahm die Pfeife aus'n Mund: „Das woll, Möhlenbeck. Man ich weiß bloß nich, was das mit Schinkenbröte zu tun hat."

„Das kommt nu, Behrens! Süh, wenn denn mein Magen anfängt zu janken, un ich will mir recht was zu Guten tun, denn kommt das anners! In'n Schiffsrestaurant steht denn inner Mitte von den Salon son langer Tisch, wo sie ‚Skandinavisches Büffet' zu sagen — un wo mir all graulich von wird, wenn ich's man seh. Gewiß, is alles fein aufgebaut, is rein'n Staat. Wenn das auch bannig nachgelassen hat!

Hummer un Gravelachs un was anners vor Jahren noch zu son Tisch gehörte, die sind da all lange nich mehr auf."

„Kömmt sachs zu teuer", meinte Behrens, un Möhlenbeck gab das zu: „Isses woll, un die Leute essen das annere ja auch. Keese gibt das man noch zwei, drei Sorten — Wurst mag sein vier . . ."

Da fiel Hagedorn was ein: „Gibt das nich Vorschriften, wie ein das alles essen muß?"

„Jawoll! Erst Hering un den annern Fisch, denn warme Frikadellen un littje Stücken Fleisch, was warm is, denn Wurst un Schinken un all son fetten Kram. Un denn mußt da Schnaps zu trinken, daß es auch rutschen tut. Danach kömmt denn Keese un denn noch Salat aus allerhand Früchte un da achterher denn viel zu süßen Kuchen mit ganz viel Schlagsahne un Kaffe. Un wenn du das alles runter hast, denn kommst von'n Stuhl nich mehr hoch. Mußt du aber: die annern Gäste warten all auf deinen Platz. Süh, un das isses, was mich an'n meisten ärgert an son Büffet: die olle verflixte Drängelei! Du kommst da knapp zu, nach'n Teller un'n Besteck zu langen, denn schubsen sie dich all wieder. Einer wrangt dir seinen Ellbogen inne Seite, daß dir der Löffel runterfällt, 'n annern pedd't dir auf'n großen Onkel, daß dir die Puste wegbleibt. Denn is der Hering alle un du kömmst total aus dein Eßprogramm, die Brotsnitten liegen aufer annern Seite — un wenn du sie hast, dennso mußt du wieder nacher Backbordseite un mußt dich da vorarbeiten. Mußt aber ümmer aufpassen, daß dir die ollen Herings nich von'n Teller glitschen. Ich hatte maleins son sauern Hering inner Tasche von meine helle Jacke . . . Aber — das war sone nette lütte Deern gewesen, da kannst denn ja auch nich so doll schümpfen . . . Freust dich man erst, wenn du wieder an deinen Tisch sitzen tust – wenn da nich all'n anderer sitzt un nich weggehn will. Mußt auch gleich nach'n Hering wieder hoch, warmes Essen holen. Un dabei geht denn wieder das Gedrängel um Teller un Messer un Gabel los. Sind ja noch mehr Menschen, die, mit'n Messer inne Hand, als sone mexikanische Kaktushecke um den Tisch rumstehn – un bist du da endlich durch, dennso sind die Buletten alle!"

Behrens griente: „Un das denn paarmal achternanner!"

„Drei-, viermal, Behrens, wenn nich noch mehr! Un gehst du denn vons Büffet weg, denn hast Majonneese anne Büx un merkst das nich un sitzt ihr denn so recht breit. Nee, das is 'ne gräsige Esserei, sowas!"

Hagedorn hatte ja woll seine Fragestunde: „Machen sie das nich bein Frühstück inne Hotels auch all so?"

Möhlenbeck gnurrte: „Inne Hotels un auf'n Dampfer! Denn steht da auf den Tisch zwarst Marmelade un Haferflocken – un in'n Semmelkorb liegen Semmeln, wo sie alle an rumgrabbeln un sie denn wieder reinschmeißen, indem sie zu weich sin. Aber die Schinnerei mit'n Essen is genau dieselbigte. Allein all das Theater mitte Cornflakes un den Puffreis, was noch dazu 'n unanständigen Namen is. Die Milchkanne dafür darfst nich mit an deinen Tisch nehmen, also gießt den Teller an'n Büffet voll un blangsierst damit nach deinen Platz. Nachher kannst auf'n Teppich sehn, was fürn Kurs du gesteuert hast. Un denn schämst dich. Un die Marmelade, die mußt du auf'n Käseteller tun – indem son Mensch, wenn er kein Kellner nich is, nich mehr als zwei Tellers aufnmal tragen kann. Nachher schmeckt der

Keese denn nach Zitrone un die Schlackwurst nach Pflaumenmus. Du wagst dich aber nich, nochmal hinzugehn, die olle Drängelei macht einen wild — un der Ober hat auch schon dreimal so gekuckt, als wenn er sagen wollt: nu langt das bei kleinen woll! — Nee, was is das dagegen denn doch für 'ne feine Sache, wenn son nettes junges Mädchen an deinen Tisch kömmt, Guten Morgen sagt, dir den Kaffe eingießt un fragt, woans du dein Frühstücksei haben willst un was woll auch genug Butter da wär. Un denn ißt ein sich so recht zufrieden un vergnügt in den Tach rein. Aber das wird ümmer weniger! Das große Büffet kömmt ümmer mehr in Mode. Is wie überall: mitte menschlichen Kontakten geht das rein zu Ende, sag ich euch! Nu sogar all bein Frühstück, welches das schönste Essen von'n ganzen Tag is!"

Gastwirt Hollje war an den Stammtisch stehn geblieben un hatte sich das alles angehört. Als Möhlenbeck klar war, da fragte Hollje denn ja auch: „Davon denn woll die Loblieder auf meine Schinkenbrote?" un Möhlenbeck sah ihm mit lauter Dankbarkeit inne Augen: „Du weißt ja garnich, Hollje, was Du mit Deine Schinkenbröte für'n menschlichen Menschen bist!"

LEUTE TREFFEN

Richtig vergrellt war Möhlenbeck in seine Seele, als er an'n Stammtisch kam. Un eh daß ihn einer fragen konnt, fing er all an zu reden:

„Vorgestern hab ich Lisbeth getroffen. Is 'ne alte Bekannte un hatt ich lange nich gesehn. Kinners, ich hab rein'n Schreck gekricht! So dünn wie die geworden is! ‚Schlank' sagt sie, un sie ißt kalorienbewußt. Aber sie is dünn. Un steht ihr garnich! Gewiß, sone Frau inne besten Jahre muß nich grade aussehn un pusten wie 'ne Dampfmaschine, dascha klar. Aber wenn die Sorte denn gar zu spillerig is, denn kann ich da keine Freude an haben. 'ne Frau muscha woll doch wie 'ne Frau aussehn – zuminnst da, wo's nötig is! – Na ja, ich hab büschen mit Lisbeth geklöhnt, denn mußte sie los, indem sie'n Braten auf'n Feuer hatte. Als ich abends meine Schwester erzählt hab, ich hätt Lisbeth meist nich kennen können, da kuckte Erika mich so vonner Seite an un meinte: „Laß man – jünger werden wir ja woll alle nich." Gewiß, da soll sie recht in haben. Aber ich zuminnst, ich hab mich nu ja waraftig nich doll verändert! Ich seh jüst noch so aus als vor Jahren! Un ich bün auch jüst son fixen Kerl als früher, bloß büschen klüger. Aber das schad't ja woll nich . . . Aber nee, ich wille Wahrheit sagen: bis gestern hab ich das gedacht.

Ich schob so anne großen Schaufenster inner Stadt längs. Sinn hatt ich eigens an nix. Aber da kam aufmal 'n Frauns-mensch auf mich los, un ich meinte, die kenn ich. Sie peilte auch so vonner Seite nach mir hin, un ich ja nach ihr. Wir kuckten beide fix wieder weg, aber, Menschenskinner, die kannt ich doch! Die mußt ich kennen! Denn war sie vorbei, ich drehte mich nochmal um — un in'n selbigen Momang macht sie das auch. Da wußt ich's aufmal, un sie auch. Sie kam zurückgegangen — un süh, da war das Hertha, die all vor zwölf Jahre mit ihren engelschen Mann nach Liverpool gezogen war! Sie krichte meine Hand zu fassen un rief mit großen Erstaunen: ‚Menschenskind, das bist du doch, Gerd?!' Na, nu war ich das ja. Freude auf alle Seiten, un wir kamen ins Klöhnen: über dies un das un England un Deutschland un Kinner un Katzen. Man denn kuckte sie mich nochmal an, schüddelte ihren Kopp un sagte: ‚Nee, wenn ich so an früher denk! Du hast dich doch bannig verännert!' Ich schoß man so in'n Dutt un wußt garnich, was ich da nu zu sagen sollt. Aber denn stamerte ich doch: ‚Woso — woso das denn? Ich mich verännert?' — ‚Dick bist du geworden!' lachte Hertha aus ihre ganze Kehle, ‚Klein Bauch hast dir zugelegt un'n runnen Kopp! Bist ja meist garnich mehr zu kennen!'

Ich stand da, mitten mang's Volksgedränge, als hätt mich'n Donner getroffen! Ich konnt man bloß noch was herstottern: mitter Diät klappt das nich so bei den guten Essen, un denn tut am Ende auch der Grog woll das seinigte ... Hertha aber griente man un sagte justemang dasselbe, was meine Schwester auch all gesagt hatte: ‚Laß man, wir werden allzusammen nich jünger!' Denn erzählte sie mir noch, wie doll sie sich freut, daß wir uns getroffen haben, ich sollt Erika man grüßen, vielleicht käm sie noch eben vorbei — un denn zog sie auch all wieder ab. Ich aber ging nach Hause, un siehe: mien Kopf war schwer un voll! So dick soll ich geworden sein, daß meine ollen Freunde mich nich wiederkennen? Das kann ja woll nich wahr sein. Ich kann doch selbst sehn, was ich mich nu verändert hab oder nich. Ich bin ja doch nich dösig!

Tjä, un nachher stand ich denn zu Hause vor'n Spiegel un kuckte mir den Kerl an, der Gerd Möhlenbeck heißt. Ja, das Gesicht, überhaupt der Kopp, büschen rund is er, büschen bannig rund, ja . . . Aber das steht mir doch gut?! Un der Bauch? Könnt der woll dünner sein unter son runden Kopp? Das würd ja nach garnix aussehn! Nee, nee, der muß jüst so sein wie er is! So in'n ganzen bin ich doch nu würklich 'n ganzen staatschen Kerl! Un ich kann mich ja woll ümmer noch sehn lassen! Die Hertha is was tüffelig geworden in all der Zeit! Kann mich nich wiederkennen! Dummes Zeug!!

Da ging Erika achter mir an'n Spiegel vorbei. Ich bracht Hertha ihre Grüße an, un Erika smustergriente. Abends meinte sie denn, wir sollten am Enn' beide mit unsere Diät büschen besser aufpassen . . . Also — einsehn tu ich das ja nich! Ich zuminnst hab das gewiß nich nötig! Aber, chott ja, wenn Erika das denn will . . ."

Un denn griff Möhlenbeck mit starke Hand nach sein Bierglas un spülte den Arger wegen seine leibliche Erscheinung mit große Andächtigkeit runter.

BUTTERFAHRT

Möhlenbeck war in Wilhelmshaven gewesen un wollt da nache Butterfahrt. Denn saß er aber doch in'n „Schienfatt" un sagte, er wär nich mit gewesen. Un als Fiedi Hagedorn ihn ausfragte, warum nich, da verklarte er ihm das mit diese Worte:

„Tjä, ich war ja all in'n Hafen un wollt mitfahren un sehn, wie das so geht. Aber denn stürzten Frauensleute un Rentners un Dicke un Dünne un Alte un Junge auf den kleinen Dampfer rauf, daß ich meist dacht, der müßt jeden Moment kentern. Nee, da hatt ich keine Lust mehr. Ich sah das Gedrängel an Bord nu ja schon: die Leute standen alle dicht bei dicht, un die See draußen war ganz schön rauh, wenn's in'n Hafen auch nich so zu merken war. Un was denn mit son Haufen Landratten los is, wenn die draußen sind, das weiß ich noch aus meine Fahrenszeit. Un denn hatt ich auch ja meinen neuen Anzuch an."

Enno Behrens schüttelte ganz büschen den Kopf: „Ich hab dascha sowieso nich ganz begriffen, warum du da vor lauter Gewalt mitwolltst."

„Der Mensch muß alles belebt haben", belehrte Möhlenbeck den ollen Steuermann, „auch wenn er pangschoniert is. Sünnerlich wenn er Kaptän war, Behrens! Un mich sollt doch mal verlangen, was dabei rauskommen sollt, für fuffzig Pfennig. Mehr köst die Fahrt ja nich. Un denn kannst'n ganzen Barg Butter an Bord ganz billig einkaufen."

„Daß unsere Hogen das zulassen, das versteh ich nich", meinte Hagedorn.

„Die sehn das bestimmt nich gern, Hagedorn. Un die

Keese- un Butterkaufleute auch nich. Füre Regierung geht dabei der Zoll durche Lappen un füre Butterkaufmänner der Verdienst. Aber da kanne Regierung ja nix an tun. Sind ja ümmer irgendwo Wahlen. Un wenn die vielen Leute, die da mitfahrn, denn aufmal alle die verkehrte Partei wählen — das wär ja nich auszudenken, sowas!"

Enno nickte: „Das is wahr . . . Aberst — du bist denn nich mitgefahren mit den Butterdampfer?"

„Nee", schüttkoppte Möhlenbeck, „ich bin nach meinen Vetter Willy gegangen un hab den büschen besucht. Der hat auch ümmer son guten Jamaica-Rum. Un Willy war doch in'n Theater-Abonnemang mit Marlene Müller. Hast die noch gekannt, Behrens?"

Behrens zog son kleinen Grientje umme Lippen: „Na, was sollt ich Marlene woll nich gekannt haben! Die war ja nu würklich 'n Original, als sie noch leben tat."

„Jawoll", nickkoppte der Käppen, „wenn die mit ihren Haushalt klar war, denn setzte sie sich den Hut auf halb sieben un kuckte, wo was los war. Wo sie mitmachen konnt. Na, un Marlene mußte denn ja auch mit auf Butterfahrt. Eigens wollt sie man bloß den Nachmittag rumkriegen, eben 'ne Bockwurst essen un Kaffe trinken. Un das kann ein ja auf sone Butterfahrt, wenner'n Platz find't. Aber — Marlene hat ja ümmern Platz gefunden. Un als sie denn das Gedrängel vor den Butterkiosk an Bord sah, da hatte sie kein Lust, sich da auch noch vor rumzudrängeln. So hat sie denn ja auch nix gekauft."

„Dascha aber doch woll nix Besonderes", meinte Hagedorn.

„Das denkst du, Hagedorn!" smustergriente der Käppen,

„Aber son Denken is verkehrt, wenn einer das nämlich amtlich sehn tut. Als der lüttje Dampfer wieder in Willemshaven fest war un die Menschen von Bord gingen, da standen ja an Land die Zollbeamten. Die fragten nu jedeneinen, was er mitgebracht hatte, daß keinein mehr an Land schleppen tät als seine Ratschon war. Na, das ging denn ja auch alles glatt un sutje, bis Marlene anner Tuhr war. Die griente den Zöllner an un sagte, sie hätt garnix gekauft. Sowas gibt das nich, sagte der Beamte, un sie wollt ihm woll auf'n Arm nehmen! Woauf Marlene denn wieder sagte, nich doch, sagte sie, das wollt sie nich — un das schaffte sie auch garnich, son stattlichen Mann wie der Zöllner wär. — Nee, sie hätt man bloß Bockwurst gegessen un Kaffe zu getrunken. Da mußte sie denn ihre Handtasche vorweisen. Der Zöllner kuckte sie an, als wenn sie zu de Terroristen zugehören täte — man denn mußten sie Marlene ja laufenlassen. Die aber griente noch mehr, ging nach den Dampfer, der jüst wieder ablegen wollt, bezahlte nochmal fuffzig Pfennig un fuhr wieder mit. Bockwurst un Kaffe waren gut gewesen. Un kaufen tat sie wieder nix. — Den Zöllner traten meist die Ohnmachten an, als sie nacher Reise wieder vor ihm stand, un sie hatte wieder nix. Keine Plastiktüte mit paar Kilo Butter. Er krichte son roten Kopp, daß Marlene meist Bange um seine Gesundheit hatte, un denn schimpfte er sie an. Das ließ sich Marlene nu ja wieder nich gefallen, — un was konnt die Frau man einmal schön schümpfen! Na, die beiden krichten gräsigen Streit. Sie sollte partuh ihre Butter vorweisen, un sie hatte doch keine. Was sie denn um alles inner Welt mitgebracht hätte, wollt der Zollonkel wissen. Dabei weinte er da schon beinah um, daß sie doch man was gekauft haben sollte. Aber Marlene hatte un hatte nu ja nich. So mußte sie denn mit rein inne Wache, un da haben sie ihr denn die Handtasche total ausnannergenommen. Man da war bloß Nasenpuder un'n Pottmanneh un'n Taschentuch in. Die Zollbeamten konnten un konnten nich glauben, daß'n Mensch einfach so mit son Boot fährt, rein zum Vergnügen. Sie verstanden die Welt nich mehr!"

„Nu haben Beamte ja auch 'ne andere Sorte Welt!" sagte Behrens.

„Jüst akkrat! Die Zöllner zuminnst kannten man zwei Arten von Menschen: sone, die vorweisen, was sie gekauft haben — un sone, die das nich tun. Un Marlene paßte doch nu in keine von die beiden rein. Sie saß freundlich in'n Zollbüro, war nett zu die Beamten, un die kuckten sie an als son Weltwunner . . . Na ja, zuletzt mußten die Zöllner, die von nix mehr was von ab wußten, sie ja doch wieder laufen lassen. Aber einer von ihnen, der hat denn noch ganz leise zu Marlene gesagt, sie sollt doch man bloß nich nochmal mitfahren! Das hielt er denn nich aus. Un Marlene hat man gegrient un hat gesagt, das hätt sie auch garnich vor. Sie wollt doch die armen Beamten nich durchnannerbringen!"

HAFEN-PHILOSOPHIE

Möhlenbeck hatte seinen nachdenklichen Tach, war schon meist 'n philosophischen — un er erzählte denn auch Enno Behrens un Fiedi Hagedorn, wieso er den hatte:

„Ich war vor paar Tage in Bremen un saß da so an'n Hafen. War gutes Wetter, un die Sonne lachte man so runter aufe Hafenbecken. Da bratterten die Barkassen in rum, un'n Schlepper holte son dicken Pott anne Pier. Das tut'te un fleut'te, un die Krans machten ihr Gewäse, Lastautos damang — war fix was los. Bloß bei mir rum, da war alles ganz sinnig. Ich hatt mir einen von die dicken Festmacherpoller ausgesucht, wo ich auf saß, — un Erika hatte mir'n Semmel mitgegeben, mit Plockwurst. Süh, un an die Plockwurst, da hatt ich woll Sinn an, die hab ich gegessen. Man mit den ollen drögen Semmel, da wollt ich was Gutes mit tun. Den schmiß ich 'n Meter oder zwei weg, den sollten die Vögel kriegen. Dauerte auch nich lange, da kamen die ersten an. Ich hab lange zugekuckt, woans sie gefressen haben un was sie sonst gemacht haben — un da hab ich'n Barg bei gelernt! War all gegen Abend un nich mehr so viel los aufer Kaje. Die Semmelkrümels lagen weit auseinander. Man die Sperlinge, die da zuerst warn, die konnten un konnten sich nich einig weern. Sie mußten nu mal partuh das haben, was'n annern schon in'n Snabel hatte. Sogar um die Stücken ganz außen an'n Rand hauten sie sich. Annere was wegnehmen macht ja woll viel mehr Spaß als das fressen, was man einfach so daliegt! Welche vonne Spatzen nahmen die Krümels sogar mit, für ihre Kinner woll. Man die Junggesellen bei de Spatzen, die neihten alles so weg.

Die Klugen, wo das aber nich viel von gab, die saßen an'n Rand mehr außen un fraßen ümmer so sinnig vor sich hin. Welche wagten sich garnich ran. Is woll so: wenn einer vorsichtig is, denn wird er nich satt. All viel eher, wenn er man frech is. – Na, ich schmiß meinen Keesesemmel auch noch hin – den Keese hatt ich runtergegessen. Ümmer wenn mal'n Auto an längs kam, denn flogen die Spatzen paar Meter beiseite. Aberst die Räder waren knapp vorbei, da saßen sie all wieder da zu fressen. Mal kam sogar 'ne Amsel, – hatt ich garnich gewußt, daß das Hafen-Amseln gibt! – die drängelte sich aber nich vor. Die saß man still an'n Rand. War woll noch nich lange genug inner Stadt.

Denn trippelte sone dicke Holztaube ran. Solang die, wie die Amsel, außen vor blieb, tat ihr keinein was. Aber wenn sie nacher Mitte zu wollt, denn jagten drei, vier Spatzen sie wieder weg. Chott ja, die Dicke war gemütlich, – sin die ja meistens, – un sie blieb denn draußen. Is ja auch so: alle können sie leben, un auch gut leben, wenn einer den annern man was in'n Gönnen is. Man aufer annern Seite: wenn alles voll Brot liegt, aberst einer is den annern sein Deuwel un will ihm das Fressen von'n Mund abjagen, obschonst er sülben genug hat, denn kommt keinein zurecht!

Aufmal gibt das großen Schandal mang die Krümels: sone swarze Dohle is mit scharfen Swung von'n Schuppendach runtergekommen un fors midden reingeflogen in den Kring von Spatzen. Die Dohle hackt kurz mit ihren dicken, harten Snabel zu, jagt achter paar Sperlinge her un schüchert sie allzusammen weg. Mit viel Schrein un Schümpfen fliegen die Spatzen weg, sitzen paar Meter weiter auf 'ne Bananenkiste un zaustern – das kommt vonne

Schuppenwände wieder. Wenn einer man frech un stark is, denn kommt er ümmer leichter anne Macht. Denn vergessen die annern, dasse man zusammenhalten un sich tüchtig wehren müssen. Aber nee, ausbüxen tun sie!

Die Dohle bleibt aber nich allein in ihren Semmelparadies. Von'n Hafenamt segelt 'ne große Möwe ran, schreit laut übere Kaje, land't neben der Dohle un langt fors nach'n größten Krümel. Da läßt die swarze Dohle alles liegen, setzt die Federn hoch un hackt auf das sülbige Stück los. Die Möwe verjagt sich, läßt los, un die Dohle langt zu. Aberst da hat die Möwe sich wieder besonnen, rückt auf die Dohle los un will die nu mit'n Snabel hacken. Man die Dohle zieht den Kopp ein, läßt den Semmelbrocken aberst nich los. Alle beide stehn sie nu vornanner, mit aufgeplusterte Federn: jede hat'n Ende von den Semmelbrocken in'n Snabel. Da hör ich von'n Kran rüber in'n Radio Nachrichten! Amerika un Rußland, sagt der Kerl da in, die beiden stehn sich in Afrika gegenüber un streiten sich um den Swarzen Kontinent. Un ich kuck vor mich hin un seh die beiden großen Vögel, wie sie da so stehn, der swarze un der weiße – un beide reißen sie an denselben Stück Semmel. Kinners un Leute, dacht ich da so für mich, sind die Menschen denn nu all jüst so dösig als die Vögel?"

„Sin sie!" sagte Enno Behrens, un Fiedi Hagedorn nickköppte: „Manch einer is sogar noch dösiger, Möhlenbeck. Kuck man mal inne Zeitung, da liest das jeden Tag in!"

AUF URLAUB FAHRN

In Kiel war Möhlenbeck gewesen, un Enno Behrens wollt denn ja nachher an'n Stammtisch wissen: „Hast denn nu paar feine Tage gehabt, Möhlenbeck?"

„Soweit woll", anterte der Käppen, „gutes Bier haben sie da ja – denn hab ich mir die ‚Gorch Fock' angekuckt, die kam grad rein. Kinners, da kommt einen die ganze olle Zeit wieder vore Augen, das is'n Schiff, 'n richtiges Schiff is das, kannst dich in verlieben ... Aber – ich hab man bloß in Kiel so viel nachdenken müssen. Daß micher Kopp geraucht hat."

Das verstand Hagedorn nich: „Nachdenken? Über was denn?"

„Über'n Verreisen un Urlaub un so ... Wir kenn'n die Zeit ja noch, wo das ganz was Banniges war, wenn ein in'n Urlaub nach'n Ausland fahrn tat ..."

„Wenn ein nich grad Kaptän war, so als du!" gab Hagedorn da wieder seinen Senf zu.

„Bei mir war das denn ja auch kein Urlaub, Hagedorn! Zu Urlaub fuhr ich ja nach Hause ... Aber ich mein, wenn ein denn mal nach Holland fuhr oder sachs nach Italien – Menschenskinner, denn haben die Nachbarn da doch monatelang über gered't, was er sich das woll würklich leisten könnt un so ... Un wenn er denn zurückkam, denn konnt er woll 'n Jahr lang erzählen, was er so alles belebt hatte. Denn wurd er ja auch rundrum eingeladen. – Na un nu, in unsere Tage wundern sich die Leute doch rein, wenn einer nich nach'n Ausland fährt! Das hört sich so, is ja auch leicht, mit all die Gesellschaften un Vereine, die das all so fein glatt machen. Unnerwegens kaufen se sich denn feine bunte Karten, damit se nachher wissen, wo se überall gewesen sind. Un Fotobiller können se machen. Un zuhaus müssen sich denn die armen Freunde dreihunnert viel zu dustre Dias ankucken, wo Inge un Mudder un Peter un Vadder vore Zebras stehn oder vor'n Turm von Pisa oder'n japanesischen Tempel. Aberst die guten Freunde, die haben ja auch dreihunnert Dias gemacht, wo sie sülben drauf sin — un die müssen denn annermal angekuckt weern. So geht das um. Na ja, mit fix Bier un Sluck kömmt ein da überhin."

Behrens sog laut an seine Pfeife: „Ich weiß man nich, was das nu mit Kiel zu tun hat, Möhlenbeck."

„An sowas alles mußt ich denken, Behrens, als ich in Kiel so in'n Krug an'n Wasser saß, an son großes Fenster. Draußen lag die Förde man so her, mit Schiffe un Werften un inner Sonne. Aber an'n Nebentisch, da saß sone ganze Gesellschaft von Stücker fünf, sechs Leute, un die hatten woll zu viel Geld un dafür denn zu wenig Verstand. Die wollten nach Norwegen mitter Fähre — un nu snackten sie zwei lang un zwei breit über all die dollen Reisen, die sie all gemacht hatten. Un der eine, der gab denn ja ümmer noch büschen mehr an als der annere. War erst rein högelig anzuhörn. Waren meist allens Kreuzfahrten gewesen, die sie gemacht hatten — als wenn das auch Seefahrt is! Könnt mich ja kein Mensch zu kriegen, daß ich sowas mitmach! Ümmer mit'n swarzen Anzuch an, un den ganzen Tach man essen un aufe Brücke darfst nich. Un abends anne Bar. Das geht doch nich an jeden Tach! Wird ja langweilig sowas! — Is überall dassülbige, un meine Nachbars da in Kiel an'n

Nebentisch, die wußten auch recht nich so genau, wo sie nu überall schon gewesen warn – bloß meist so ungefähr. Aber in Mexiko hatte den einen die Hitze nich gepaßt – an'n Nordkap, da war das nu wieder zu kalt gewesen un die neue Pelzjacke vonne eine Frau hatte da'n Fettplacken gekricht, – ‚Mein neuer Nerzmantel, Saganerz, müssense sich mal vorstellen!' – In Marrakesch, da war das alles viel zu schetterig gewesen, un in Kenya ümmer bloß die ollen Negers. Man hat da ja nix gegen! Aber is doch 'ne Klasse tiefer, son Neger. Nee, das kann man einen ja nich zumuten! Auf sonne Art kakelten se alle durchnanner. Man aufmal, da warn se alle ganz durchhin, indem die eine Frau, – ich kann un kann da nich ‚Dame' zu sagen – indem die zugab, sie hätten eigens ja nach Tirol fahren wollen. Nach Tirol! Ogottenee, das is ja in Europa! Aber sie hätten sich denn doch noch besonnen, sagte die dicke Tante, un wärn nach Thailand gefahren – nee, geflogen!"

„Fängt ja auch mit T an – jüst wie Tirol", meinte Behrens ganz drög.

„Das is wahr", griente Möhlenbeck, „na, un mit Thailand war die Gesellschaft denn ja auch zufrieden. Thailand is all was, auch weit genug weg. Wollen man hoffen, daß da nich zu viele Tempels sind – oder Fliegen.

Süh, un denn erzählte der eine Kerl 'ne dolle Reisegeschichte, wie er sein ganzes Geld vorer Rückfahrt noch ausgegeben hatte, damit er nix zurücktauschen mußte. Kost ja ümmer Gebühren. So hatte er denn man bloß noch deutsches Geld. Abersten die Leute vonner Flugreederei, die mußten denn ansagen, das Flugzeug käm zu spät – un da saß er denn bloß mit deutsches Geld. Aber die Flugzeugmenschen, die hätten denn Sekt bezahlt, französischen sogar. Er flog ja auch inner ersten Klasse, sagte der Kerl, un denn könnt er das ja woll auch verlangen! — Un noch'n annern Mannsmensch, so mit paar Abnäher übere Backe, der meinte ganz laut, er wär ja all mal in Oslo gewesen, in'n Krieg, als Oberleutnant. Un damals wär das gewiß alles besser gewesen, so mit preußische Disziplin un Ruhe aufe Straßen un so. Das sollt ihn man mal verlangen, was inner Zwüschenzeit woll aus Oslo geworden wär ... Ich hätt den Kerl woll anne Wand backen mögen! Un denn kam 'ne Frau anne Tuhr, die hatte'n Krokodil gesehen, 'n lebendiges, nich als Krokotasche, in Kalifornien. Nee, sagte ihr Mann, das wär in Florida gewesen. Man seine Frau, die winkte bloß so mitter Hand ab: Chott ja, irgendwo da unten ..."

Hagedorn wiwakte mit'n Kopp: „Florida is aber ja'n ganzes Ende ab von Kalifornien."

Möhlenbeck kuckte vergrellt: „Was wußt die olle Gans da woll von? Die sabbelte man, jüst so als die annern. Daß in annere Länder viel zu sehn is, — ich hab das mitgemacht, verdammi nochmalzu! — daß da Menschen leben, die in ihren Kopp ihre eigene Gedanken haben un auch ihre eigenen Sorgen — daß ein da fix was zulernen kann — von all sowas habense kein Wort nich gesagt! Fahren man inne Welt rum un ärgern annere Leute mit ihre Dussligkeit. Sehn sich man allein un ihren dicken Portmanneh. Un das Schlimmste is: die können nich mal richtig lachen, die Dösköppe! Nich mal über sich selbst! Aber — wenn ein das richtig sieht, is das ja auch garnich nötig — das tun wir denn ja."

TAUFEN

Möhlenbeck haute mitter Faust auf'n Stammtisch un röhrte voll Ingrimm: „Kannst ja woll nich glauben kannst ja sowas nich!"

Behrens kam halb von seinen Stuhl hoch: „Mein Zeit, Möhlenbeck, wo kannst du einen so verjagen?! Was is denn?!"

Der Käppen war rein außer sich un schmiß die Zeitung aufe Tischplatte: „Hier! ... versammelten sich zur Prieltaufe im Watt vor dem Hafen ... Prieltaufe! Die ham se doch nich alle!"

Fiedi Hagedorn wollt Ruhe stiften: „Tja, wenn ihnen das aber doch Spaß macht?"

Möhlenbeck schnob mitter Nase: „Da geht das nich um, Hagedorn! All sone ollen Taufen, die haben sie doch bloß von unserer Äquatortaufe abgekuckt!"

„Na ja, alle können sie nu ja nich übern Äquator fahren", meinte Hagedorn wieder, aber Möhlenbeck gab keine Ruhe: „Denn sollen sie die dowe Tauferei nachlassen! Ischa Kinnerkram! Als ich damals an'n Äquator dran war, mein Zeit, das war was! Wieviel Jahr is das nu all her? Aber ich weiß das noch wie heut! War'n feines Schiff, ‚Arctic Ocean', un auf'n Pazific, da kam denn der Tag, wo ich nie von wußte, was ich mich da nu auf freun oder mich davor graulen sollt. Aber ischa egal: da ging ich zun ersten Mal übern Äquator! Nachher hast da denn ja garnich mehr an gedacht, aber bein ersten Mal, o Mann, o Mann! Is meist so als beire kleinen Mädchen. Den ganzen Tag waren sie schon alle so komisch gewesen an Bord. Achtern wurd'n großes Segel an alle vier Kanten angeschlagen, da kam denn Wasser rein. Die annern grienten un flusterten, der Steuermann hatte das auch drock: drei Mann sollten ja getauft weern. Un ich dabei! War ja nich mehr so gräsig als früher, wo sie die armen Kerls an lange Leinen untern Schiff durchholten un sie dann in Balgen voll Schietwasser halbtot gemacht wurden. Nee, all sowas hatte der Alte verboten. Der war fix'n Schentelmän, Spanjer, ‚Don Angel' sagten wir. Un der paßte auf'n Kaneel. Die meisten vonner Crew waren sowieso Spanjer, un die sind nich so. Ging zuer auch alles ganz glatt. Gegen Mittag mußten wir durch'n Fernrohr kucken, un da konnten wir waraftig den Äquator sehn: als'n deutlichen Strich übere Kimm."

Enno Behrens hatte dicke Falten aufer Stirn: „Das doch dummes Zeug, Möhlenbeck. Äquator gibt's ja garnich — zu sehn nich, mein ich."

„Davon hattense ja auch'n Faden vors Glas gespannt, Behrens! Aber wir haben noch mehr gesehn. Nachher. Dicke Rußringe umme Augen. Hatten sie doch die Okulare mit eingeschmiert. Un die Ringe umme Augen durften nich ab! Sind wir stunnenlang mit rumgelaufen. Bis Neptun an Deck kam. Mit seinen ganzen Hofstaat. Orrnlich mit 'ne Krone un'n langen Bart un'n Dreizack. Sein Frau Thetis war da auch bei, un der Hoffriseur un der Hofdokter — was der Smutje war, wie ich an seine Scheelaugen rausgefunden hab. Na, un der Neptunsschreiber, der las uns denn all unsere Sünden vor, un war 'ne ganze Masse. Als wir da denn noch bei waren, die zu bereuen, da krichten uns die swarzen Neger all zu fassen — die ganze Deckscrew, kann ich euch sagen. Na, un die schrubbten den

Schiet vonner nördlichen Halbkugel von uns runter, büschen Haut ging da auch bei ab, un denn krichten wir die Taufurkunde vorgelesen. Als Neptun noch beire letzten Worte war, — das war eigens unser Funkenpuster, — da ging für uns arme Kreturen die Welt in lauter Wasser unter. Rein durch die Haut ging das Wasser ... Als ich denn wieder kucken konnt un auch denken, da war ich denn echt getauft, un von da an heiß ich auf See ‚Aldebaran', nach den hellsten Stern aus meinen Sternzeichen. Ich bin ja'n Stier. Na, un als ich denn Aldebaran hieß, da mußten wir da ja alle gräsig viel Bier auf trinken — darauf, daß ich nu ja erst'n richtigen Mensch un Seemann war. Ich durft das nachher auch alles bezahlen. Na, hatt ich ja lange genug auf gespart ... Jedenfalls vergeß ich den Tag nich, un wenn ich hunnert Jahr alt werd. Un meinen ehrlichen Seenamen ‚Aldebaran', den will ich all mein Leben lang in Ehren tragen, jawoll!"

Hagedorn kuckte mit große Augen: „Hat auch ja nüms was gegen, Möhlenbeck. Aber was hat das denn nu mit der Prieltaufe zu tun, wo du ersten so böse über warst?"

Da kam der Käppen fors wieder inne Braß: „Das ischa's eben? Nix hat das damit zu tun! Garnix! Aberst überall seh ich nu, daß die Leute sone ehrliche alte Äquatortaufe nachäffen tun! Bei alles, was man entfernt mit Wasser zu tun hat, da sin sie auch mitter Tauferei zugange. Polartaufe machense, wenn der Mensch auf son gräsigen Luxusdampfer übern Polarkreis schippert. Aber darf ja kein Tropfen Wasser an das brokatne Abendkleid rankommen! Un annere Leute taufen man ümmer so eben weg alles, was anner Küste rumwannert. Watt-Taufe, Prieltaufe, Sieltaufe ... Gehst man mal sinnig mit barfuße Füße durchs Watt, kommt batz einer un tauft dich! Sitzt mit paar Leute vor Norddeich an'n Siel, krichst man so 'n Handvoll Schlick übere Augen unne Urkunde zu. Fährst mit Jan Ukena seinen Krabbenkutter un fuffzehn Badegäste durch'n Priel, denn gießt Ukena dir'n Pütz Wasser übere Ohren, du krichst'n Zettel, daß du nu ‚Seerose' oder ‚Knurrhahn' heißen tust un mußt auch noch Bier un Sluck ausgeben. Ich hab man gelesen, dasse sogar oben in'n Schwarzwald, — wo die Deerns ja woll mit Rotkohlköppe auf'n Hut durche Gegend laufen! — daß da auf den klitzekleinen Mummelsee auch son Neptun aufkreuzt un Mummelseetaufen zurechtklütert! Ich sollt man der richtige Neptun sein! Ich würd da mal sone kleine Sturmflut vorbeijagen, daß den Kerls das Taufen vergeht! Das würd ich! Jawoll!"

Hagedorn war rein entsetzt: „Mein Zeit, Möhlenbeck!"

Aber der Käppen war nich mehr zu bremsen: „Och, Mensch, ischa wahr! Gewiß, in'n letzten is das alles Spielkram. Auche richtige Äquatortaufe. Aber die hat doch nu waraftig 'ne ganz alte Traditschon — un das is ja auch was, wo du nachher ümmer wieder an denken mußt. Passiert jeden ja bloß einmal. Aber wir Menschen sin ja woll bescheuert! Wir müssen alles klein kriegen!"

Behrens pust'te dicken Qualm aus seine Pfeife: „Chott ja, hascha recht. Aber nu reg dich doch man nich so auf, Möhlenbeck."

Der aber haute die Qualmwolken mitter Hand ausnanner: „Das will ich aber! Un kann ich auch! Kuck mal, das gilt ja nich bloß für die Tauferei! Wir sollten mit alles, was wir haben, ganz egal, was das auch is, da sollten wir viel sparsamer mit umgehn! Das mein ich!"

LISSY

Käppen Möhlenbeck grabbelte seine Piep ausser Tasche, zog sich den Magonikasten ran un stoppte seinen „Teerkocher". Denn steckte er ihn an, zog paarmal un knurrte voll tiefe Verachtung: „Un ich sag dir, Enno Behrens, die Leute an Land sin bescheuert!"

Behrens wiwakte mit seinen Kopf: „Das kann angehn, Käppen, aber woso kommst du da nu auf?"

„Du kennst doch meinen Brudersohn Bernard in'n Ammerland, Behrens?" Un als der nickkoppte, da rief Möhlenbeck: „Dieser Peijatz, der soll sich man mal seinen Kompaß justieren lassen! Hat der sich nich 'ne Ente gekauft? 'ne lebennige Ente? Un wollt ihr auf'n Sonntag essen?!"

Diesmal schüddelte Behrens nu mit seinen Kopf: „Ganz klar isses mir nich, Möhlenbeck. Was is da denn nu Besünneres an, wenn son Mensch gern Entenbraten mag?!"

„Du büst auch nich viel schlauer als Bernard!" nörgelte Möhlenbeck. Aberst als Behrens hochkam, da sagte der Käppen denn doch schnell: „Nu bleib man sitzen, ich erzähl dir dascha schon. Also paß auf: Bernard hatte die vermaledeite Ente bein Bauern gekauft un erstmal in seinen lütten Garten gesetzt. Dann krichte er aber zu wissen, daß sein Freund Didde, welcher die Ente für ihn slachten sollte, daß diesen Didde für paar Tage nach Hamburg war. Was nu machen?! Bernard hatte noch nie nich kein Tier umgebracht, un ihm stand das bannig vorn Magen. Seine Frau aber, die wollt den Braten nu vor lauter Gewalt braten — sina, un da nahm Bernard denn auf'n Sonnabendabend seinen großen Hammer un haute die Ente damit batz vorn

Kopp. Die quiekte man un sackte in sich zusammen. Mine aber, was Bernard seine Frau is, die fing an un ruppte die Federn ausser Ente. Als sie da halb mit fertig war, bimmelte das anner Tür, un ihre Freundin, — auch son flutteriges Frauensmensch! — diese Freundin wollt partuh mit Bernard un Mine nach Oldenburg fahren un da ausgehn. Bernard un Mine, — kannst dich zu beide nich verlassen, Behrens! — die denn ja fors rein nach'n Auto. Nach Mitternacht kamen sie denn erst wieder, un an die Ente dacht keiner von beide, indem sie so viel Wein ges . . . na, zu sich genommen hatten. Nee, man so ins Bett un schlafen. Un nächsten Morgen wollte Mine denn inne Küche, indem Bernard 'n strammen Kaffe haben wollt, was ein ja verstehen kann soweit. Man als Mine die Küchentür aufmachte, da fiel sie meist in die Ohnmachten, als sie die halb abgeruppte Ente in der Küche rumlaufen sah. Rumlaufen, Behrens! Die Ente hatte auch woll Durst, obschonst sie nich gesoffen hatte — un sie sah meist aus als son Pudel auf zwei Beine in ihre halbe Nackigkeit. Anners ging ihr das soweit woll ganz gut — von den Schlag vorn Kopp, den Bernard ihr verpaßt hatte, war sie man bloß betäubt von gewesen. Nich mal richtig zuhaun kann der Kerl! Na, Mine rief nu nach Bernard, als son Schwein, welches an'n Spieß steckt. Bernard kam reingestürzt un dacht erst, er wär ümmer noch duhn — aber nee, die Ente snaterte um seine Beine rum, un er sackte man so auf'n Stuhl. Un machte das nu der gräsige Kater oder wurden Bernard un Mine aufmal gute Menschen — ich weiß man soviel: die beiden wollten ihre halb ausgezogene Ente nich nochmal totmachen. Nee, sagten sie, die sollt nu ihre Hausente sein, un sie sollt

‚Lissy' heißen. Ausgerechnet Lissy! Wo ich in Aberdeen mal mit 'ne Lissy . . . Aber das geht dich nix an, Behrens! — Nee, mein bescheuerten Brudersohn un sein Fraunsmensch, die krichten sich garnich wieder ein! Nu tat das Vieh ihnen leid, indem es ja frieren müßt! Setzt sich die ohnwissende Mine da nich hin un strickt'n Pullover für die Ente? Kinner hat Mine nich, — was'n Glück is für die Kinner, die sie sonst hätte! — un Zeit hat Mine satt, — is nie nich gut, wenn son Fraunsmensch zu viel Zeit hat! — un so läuft un snatert das Entenvieh nu inner Wohnung von meinen Brudersohn rum — mit'n Pullover! Un kricht sie den nich an, denn geht sie nich von ihr Nest runter! Kannst dir sowas vorstellen, Behrens?"

„Das kann ich!" sagte Steuermann Behrens mit verkniffene Augen, „Enten sin nu mal schlau. Als ich'n Junge war, da hatten wir auf unsern Bauernhof 'ne Ente, die wär für wiß nich mit son Pullover zufrieden gewesen. Nee, die snaterte Tage un Tage un noch die Nächte durch so lange, bis meine Mutter ihr 'ne kleine Uniform schneidern tat. Un es mußt partuh eine vonne Oldenburger Dragoner sein, Möhlenbeck! Un ümmer, wenn wir'n neuen Erpel krichten, denn mußt sie die anhaben. Un an jeden Sedanstag, denn machte diese Ente in ihre Dragoner-Uniform 'n rejellen Parademarsch über den ganzen Misthof hin. Un nachher blieb sie denn vor unsere Fahnenstange stehen, legte eine Pfote an'n Kopp un kuckte mit große Vaterlandsaugen nacher Fahne hoch! Das war nochmal 'ne Ente, Käppen Möhlenbeck! Da kann sich die von deinen Brudersohn mit ihren murcheligen Pullover hinter verstecken!"

Käppen Möhlenbeck saß mit weit aufgerissene Augen auf

seinen Stuhl, sogar die Piep war ihm ausgegangen. Steuermann Behrens aber stand auf, backte seinen Priem untern Stammtisch un ging mit wiegenden Seemannsgang zur Tür raus.

DAS HERRENESSEN

Käppen Möhlenbeck saß fest un geruhig an'n Stammtisch in'n „Schienfatt" un erzählte Enno Behrens un Fiedi Hagedorn, was er paar Tage vorher belebt hatte.

„Nee, Kinners", fing er an, „das könnt ihr euch für wiß nich vorstellen! Ich war zun Herrenessen eingeladen bei son nautischen Verein. Allens Reeder un Kaufleute. Anners geh ich ja mein Lebtag nich hin nach sowas, aber der Vorsitzende von den Verein, das is mein alter Reeder, un so mußt ich mich da ja sehn lassen. Also: weiße Wäsche an, Schlips um'n Hals, wo mir ümmer die Luft bei wegbleibt, — geht nix übern rejellen Troyer mit'n weites Halsloch, Hagedorn! — blauen Anzug an, wo ich mich ümmer in fühl als bei meine eigene Konfirmatschon, un denn man hin nach'n Park-Restaurant. Die mehrsten Gäste standen da all rum, 'n Glas mit Bölkwasser inner Hand, — das is Sekt, Behrens! — un keinein wußt so recht, wasser sagen sollt. Die mehrsten Leute, die ich da kennen tat, die wußten nix ab vonner christlichen Seefahrt — un die da was von abwußten, die konnt ich nich leiden. So stand ich denn da was her, un einer erzählte mir, was wir für gutes Wetter hatten. Als wenn ich das nich selbst mit meine lebigen Augen sehn konnt! 'n annern wollt wissen, woans mir das ginge. Man das konnt dem Heini ja woll pottigal sein. Ich hab es ihm auch gesagt. Nee, ich war all beis dritte Glas von den ollen süßen Sekt, mir wurd das so inner Nase kitzeln un die Kehle hochsteigen un kribbeln un denn . . . Haben aber die meisten nich gehört, Behrens! — Menschenskinner, ich stand als auf glühnige Kohlen! Ich hätt den Tag doch eigens paar neue Bretter anne Kartoffelkiste nageln müssen . . . un nu stand ich da rum, un der doowe Sekt bölkte mir auf un die Sonntagsschuhe drückten mir anne Leichdorne, wo manche Leute auch Hühneraugen zu sagen, Hagedorn! – Aber denn setzten sie sich alle zusammen hin, un der Direkter vonner Reederei fing an zu reden – muß er ja auch, wenner denn vonner Reederei is. Die Gäste saßen allemann da un kuckten runter auf ihre leddigen Töller, als wenn da sonst was auf zu sehn war. Denn hatte der Direkter sein Garn abgespult un ging sitzen. Die Obers kamen, un was brachten sie? Salat, Hagedorn! Als wenn ich'n Kanickel wär! Un kein orrnliches Glas Bier, nee, son ollen sauern Moselwein! Un klitzekleine Stücken Brot mit all son Kakerlakenkram auf. Ich wußt verdammt nich, was das allens war, bloß paar Sardinen konnt ich da rauskennen. Na, un denn kamen sie mitter Suppe. Ich hatt recht an sone deftige Erbsensuppe gedacht, mit Speck, un wo der Löffel in steht. Un was war es? Haifischflossensuppe! Ausgerechnet Haifisch! Mir als alten Kaptän! Ich hab mitte Zähne gegnurscht vor innere Wut! Denn kam der Ober auch noch mit Schnecken, Behrens! Schnecken! Welche anne Hofzäune hochkriechen! Kinners, ich dacht, das wären ja woll allzusammen wilde Kannibalen an'n Tisch! Aber sie neihten die ollen glibberigen Schnecken weg als wenn das Labskaus wär! Man denn sah ich endlich die Obers mit dampfende Schüsseln reingeschleppt kommen, un da waren es Kartoffeln! Ich hätt meist geweint, so hab ich mich über diese Kartoffeln gefreut! Zwei Tage hatt ich doch nix gegessen, daß ich man orrnlichen Hunger hatte. So Reeders muß ein ja schädigen, wo das man jichtens geht. – Zu die Kartoffeln gab das – wart mal, woans war das man noch? Täubchen alla – in son nobeln Krug heißt der Kram ümmer alla, Behrens! – Täubchen alla Meisen oder so. Mit Meisen war das zuminnst was, wenn sie es auch ümmer mit'n A geschrieben haben. Un die Soße dazu, das kann ich euch sagen, die war man einmal gut! Dick un braun un ganz voll Sahne! Die stand beire Rippen. So hab ich denn in die Kartoffeln un Soße reingeneiht, da kann ich mich heut noch zu freun. Das war's denn aber auch all. Die Taube alla Meisen, das war'n rechtes Deuwelsbiest. Mein Nachbar hat denn auch recht einen von meine Taubenknochen auf sein Schemisett gekricht. Un hart war das Aas! – Die Taube, Hagedorn, nich mein Nachbar, der war mehr nach's Dicke un Weiche hin! – Ich hab gedacht, ich beiß auf Holz. Mag ja auch 'ne Holztaube gewesen sein. Un meine Zähne sin ja auch nich mehr die besten. Süh, un da knackte das mitn Mal, un ich hatte mir'n halben Backenzahn abgebissen. Hatte die verflixte Taube doch unter ihren Steuerbordflügel sone kleine Blechbüchse gehabt, die ich kaputtgebissen hatte, zusammen mit meinen Backenzahn. Un was war da in, in der Blechbüchse? 'n Zettel war da in! Un ihr ahnt nich, was da aufstand auf den Zettel! ‚Grüße von der Olympiade 1952 in Helsinki" stand da auf! Süh, un da tat mir das leid, dasse die arme Taube gebraten haben un sie alla Meise serviert. Is doch'n rechten Jammer: neegstes Jahr weer sie dreißig geworden!"

Behrens wollte was sagen, schluckte das denn aber zusammen mit sein Bier runter. Man Fiedi Hagedorn meinte in seine dröge Art: „Armes Tier! So jung un schon so tot!" Un dann krichte er auch sein Glas hoch.

CATCHEN

Käppen Möhlenbeck war acht Tage bei seinen Brudersohn Charly Becker in Bremen gewesen. Der aber hatte den ollen Käppen von ein Konzert ins annere, ins Theater un sogar inne Oper geschlurrt, wo sie was von Wagner gespielt haben, was'n gräsigen Krach gewesen wär. So zuminnst sagte Möhlenbeck nachher an'n Stammtisch in'n „Schienfatt" — un denn auch noch mit düstere Augen: „Das hälts in'n Kopp nich aus, wenn dir die Kultur so hoch steht, daß sie all anne Ohren wieder raus will!" Denn aber setzte er sich grade hin. „Un davon war ich an'n letzten Tach auch in Bremen beis Catchen — ohne Charly!" sagte Käppen Möhlenbeck. Enno Behrens un Fiedi Hagedorn verjagten sich recht. Enno trimmte seinen Priem um un fragte: „So? Beis Catchen . . .?"

Möhlenbeck zog den Tabakskasten nach sich ran: „Jawoll! Anners bin ich ja garnich so für Boxen un Ringen un all sowas — aber'n gebüldeten Mensch muß von alles was wissen. Un da dacht ich so: das mußt dir einglich auch mal ankucken! Da bin ich denn den Abend nacher Stadthalle hingegangen un hab mir 'ne aasig teure Karte gekauft. Der ‚Würger von Algier', der sollt da catchen un der ‚Stier von Rom' un denn auch noch der ‚Killer von Kalkutta'. Hört sich ja gut an, sowas, un die Häfen kenn ich ja auch alle. Der Saal war schon meist voll, als ich reinging, obschonst das erst eben nach sieben war. Viele junge Leute waren da — aber auch Masse Fraunsmenschen inne besten Jahre — un meist alle hellblond. Dicht bei mir saß'n alter Herr, sowas bei fünfunsiebzig rum. Der geht jedes Mal nach'n

Catchen un Boxen un kricht da denn ümmer'n Herzattacke bei. Aber was die Sanitäter sin, die warten da schon auf — un der alte Herr gehört jüst so zun Catchen wie die scharfe Deern, die ich so schön dichtbei neben mir hatte.

Halb acht bölkten die ersten Leute in'n Publikum all ‚Schiebung!'. Die übten sich ein, wurde ja auch fix Bier verkauft. In Pappbecher. Tut ja weh, wenn der ‚Rammbock von Gelsenkirchen' 'n Bierbuddel in seinen Specknacken kricht. Viertel vor acht war denn schon 'ne ganz dolle Stimmung inner Halle. Aus'n Lautsprecher sang einer auf englisch, die Drahtglasscheiben haben richtig gewackelt. Un denn wurde das ernst! Inner Mitte von den großen Saal hatten sie sone Manege aufgebaut, welche genau vierkant war — wo sie aber ‚Ring' zu sagten — un son lütten Kerl stellte die Catchers vor. Die marschierten nu — nee, einglich trampelten sie in den Vierkantring, Arme hoch inner Luft un Gesichter als die swarzen Kannibalen. Dazu gröhlten alle Leute inner Halle un fleut'ten un tobten — war 'ne Lust war das! Zuminnst für die, welche selber mit'n Krachmachen zu tun hatten. Denn gab das'n Gongschlag aus'n Lautsprecher — un 'ne Donnerstimme rief von oben: ‚Matte frei!'

Zwei gräsige Muskelpakete kamen in den Ring rein, donnerten man so gegenanner, schmissen einer den annern um un hievten ihn gegen das Tauwerk an'n Rand von den Ring. Denn sprang einer auf den annern rauf un gar auf'n Schiedsrichter! Ich mußt lachen, daß mir die Tränen man ümmer so die Backen dalkullerten. Sonnerlich Mustafa Shikane, das war 'n ganzen bösen Menschen, dabei hat er son nüdlichen kleinen Haartüdel aufer Glatze. Der ging nu also auf seinen Kollegen los un schmiß ihn aus'n Ring raus, jüst akkrat auf die Stühle vonne Zeitungsreporters.

Der Mann neben mir hatte Streit mit seine Frau. Er hatte gebölkt: ‚Rudi, zieh ihm die Büx aus!' Seine Frau hielt das aber mit Rudi seinen Gegner un hatte ihren Mann einen an'n Ballong gehaun. Überhaupt, was die Leute da alles rufen! ‚Reiß ihm'n Bein ab!' schrie einer mit ganz lange Haare, woll'n jungen Mann, konntst nich so sehn, kann auch'n Afghanenhund gewesen sein. Un als denn einer vonne Catcher den annern nich anner Erde festhalten konnt, da schrie die scharfe Deern neben mir mit wilde Augen: ‚Nimm'n Nagel, Mensch!' Orrnlich heiser war sie von all der inneren Aufregung. Denn stand der eine Catcher auf dem Gesicht von'n annern — einer hat seinen Kollegen inne Nase gebissen — zwei schmissen sich gegenseitig aus'n Ring un fingen draußen denn mit Boxen an. Un als ‚Urwald-Pepe' beiging un dem ‚Deuwel von Karlsruhe' den Arm aus'n Gelenk kugelte, da schrie son ganz dünner Kerl mit 'ne ganz dicke Hornbrille: ‚Ganz langsam umdrehn!' Un der war auch heiser!

Ich hab ja schon gesagt: die Stimmung war einfach doll! Denn aber kam auch noch Majestät Leif Asmussen, der dänische Catcherkönig, in'n rot-schwarzen Fürstenmantel, richtig as son König, un die Leute tobten noch döller. Un als Leif Asmussen den ‚Puma von Peru' ümmer wieder mit'n Kopp auf die Bretter haute, daß ein überhaupt nich mehr wußte, was da nu so hohl klang, — da bäwerte die Halle bis in die Fundamenten runter.

Aber denn begab es sich, daß die blonde Frau hinter mir losbölkte un mit ihren Regenschirm auf meine Schultern un meine Achterseite loshaute – un da hielt es mich nich mehr – dor hett mi dat langt! Aber – wenn ich denn heut nu auch achtern blau bin un oben nix hören kann, – so viel schad't das auch nich. Ich kann nu ja doch zuminnst über das Catchen, da kann ich ja doch nu richtig mitreden!"

Da nickköppten die annern beiden un sagten, nu wollten sie das neegste Mal auch mit nach Bremen un wollten sich da denn das Catchen ankucken, wobei Käppen Möhlenbeck, wie er sagen tat, ümmer an das dummerhaftige Getue vonne See-Elefanten vor Feuerland denken muß.

ALKOHOL

In'n Saal neben'n „Schienfatt“ sollte'n großer Vortragsabend sein. Hatten die Alkoholgegner zu eingeladen, jawoll! Überall inne Schaufenster hingen Plakate: „Alkohol zerstört Gesundheit und Leben! Vortrag von Doktor med. Friedrich Bierbaum — Vereinigung der aktiven Alkoholgegner!“ Son kleine Stunde vorher saßen all paar Leute in'n Lokal zu warten — sonnerlich ältere Damen. Eine davon, das war Mechthild Bargmann, wo die Leute von sagen, sie hätt ümmer Konjack in'n Küchenschapp. Aber in'n Essigbuddel, denn fällt das nich so auf. Da red'ten sie denn auch an den großen Stammtisch über, wo Käppen Möhlenbeck so als meist ümmer mit Steuermann Behrens saß un mit Fiedi Hagedorn. Fiedi argerte sich recht, als er zusehn mußte, wie Mechthild Bargmann mit den annern nach'n Saal rüberslarpte. Er war das ja, von dem Mechthild ihren Konjack kaufen tat. Aber ümmer den billigsten, gnurrte Fiedi Hagedorn un haute mitter Faust auf den Stammtisch. Das war denn auch gleich das Zeichen, daß Gastwirt Hollje mit 'ner neuen Runde kommen mußte. Was der auch tat.

Käppen Möhlenbeck wischte sich nachher den Schaum aus'n Bart. Er wischte büschen vorbei, indem er an'n Nachmittag schon bei seinen ollen Bootsmann Geburtstag gefeiert hatte. Denn erzählte er von seiner Jugend, als er noch auf Seefahrtschule ging. Da hätt er büschen was mit Mechthild Bargmann gehabt — in alle Ehren, versteht Ihr? Daß da denn aber nix von geworden wär, indem sie ihm zu teuer gekommen war. Bein Tanzvergnügen hätt sie nich genug kriegen können von Tarragona un den ollen grünen

Pfeffermünzlikör. Un da hatte Möhlenbeck sie denn abgeschafft. Zumindest sagte er das mit solche Worte. Sie hätt ja auch recht keinen Mann gekricht, un das könnt er gut verstehn. Un nu wär sie denn ja bein Konjack in'n Essigbuddel gelandet un bein Verein vonne Alkoholgegner. Aber so wär sie eben all ümmer gewesen, un er wär man bloß froh, daß er da nich an backen geblieben wär. Dabei haute auch Möhlenbeck auf'n Tisch, un Hollje kam mitter neegsten Runde.

Ne Stunde später war denn der Stammtisch soweit, daß alle drei, die da an saßen, in'n Saal gehn wollten un büschen zuhören, was Dokter Bierbaum so allens gegen das schöne große Bier un den niedlichen kleinen Korn haben tät. Der Wirt wollt die drei Kerls da noch von abhalten, aber dafür war das all lange zu spät. Die machten die Tür auf, stolperten in den halbdüstern Saal, setzten sich ganz achtern anne Wand un kuckten sich erstmal um. Son zwanzig Leute waren da wohl, die saßen alle mit Kirchtagsgesichter aufe Stühle un plierten nach vorn, wo Dokter Bierbaum was rumred'te. Sonnerlich doll kuckte Mechthild Bargmann. Das war ja doch'n Dokter, un sone Leute hatte sie ümmer bannig gern. Un der Dokter Bierbaum, — ekligen Namen fürn Alkoholgegner! flusterte Käppen Möhlenbeck so laut, daß alle das hören konnten, — diesen Dokter Bierbaum also, der merkte nu ja auch, daß noch neue Leute gekommen waren. Somit wollt er denn ja auch seinen großen Experiment noch mal machen, wo die annern schon über gestaunt hatten. Der Limenadendokter grabbelte also 'n Regenwurm aus 'ner Dose un tat den in son Glas mit Wasser, was auf seinen Pult stand. Das machte den Wurm garnix aus. Er schwamm da heil vergnügt in rum. Denn aber fischte Dokter Bierbaum den Wurm wieder aus sein Wasserglas un schmiß ihn in'n Glas mit Alkohol. Un süh, da ging der arme Wurm in tot! „Un was", so fragte der Dokter mit lauter Stimme inne Runde, „was können wir da wohl aus lernen?"

Da stand Käppen Möhlenbeck auf, — wenn auch büschen unsicher, — un tat seinen Mund auf un bölkte durch den Saal, als wenn er gegen'n Nordwestensturm von elf Beaufort gegenanbölken mußte: „Da können wir aus lernen, daß Alkohol gut is gegen Würmer!"

Erst waren sie alle ganz still, aber denn schimpften sie grugelig, ganz besonners Mechthild Bargmann. Gastwirt Hollje kam fix rein un brachte die drei zurück an ihren Stammtisch. Da haben Enno Behrens un Fiedi Hagedorn denn den Käppen Möhlenbeck ganz doll gelobt wegen seine schlaue Antwort. Beide hauten in'n selben Momang auf'n Tisch . . . sie haben den Abend noch orrnlich was gegen die Würmer getan. Un wenn sie nich gestorben sind, dennso tun sie das heute noch.

INHALTSVERZEICHNIS